로버트 맥체인 설교집
마태복음

SERMONS ON THE GOSPEL OF MATTHEW

by Robert Murray McCheyne

그리스도인들은 그 책의 사람들, 바로 성경의 사람들입니다. 성경에만 권위를 두고, 성경대로 살며, 성경에 자신을 계시하신 삼위 하나님만을 예배하고 사랑합니다. 이에 **그 책의 사람들**은 하나님께만 영광 돌리고, 하나님의 나라와 교회의 번영과 행복을 위해 성경에 충실한 도서들만을 독자들에게 전하겠습니다.

로버트 맥체인 설교 시리즈 1

MATTHEW

로버트 맥체인 설교집

마태복음

로버트 맥체인 지음 | 임정민 옮김

ROBERT MCCHEYNE

차례

1. 무리를 불쌍히 여기신 그리스도 · 7

2. 그리스도로 말미암아
실족하지 아니하는 자는 복이 있도다 · 25

3. 가버나움 · 47

4. 혼인 잔치 · 63

5. 열 처녀 비유(1) · 87

6. 열 처녀 비유(2) · 101

7. 열 처녀 비유(3) · 117

8. 열 처녀 비유(4) · 131

9. 떡을 가지신 예수님 · 147

10. 성찬: 가장 달콤한 규례 · 161

11. 나의 하나님 나의 하나님 · 179

12. 찢어진 휘장 · 197

1

무리를 불쌍히 여기신 그리스도

1. 무리를 불쌍히 여기신 그리스도[1]

귀신이 쫓겨나고 말 못하는 사람이 말하거늘 무리가 놀랍게 여겨 이르되 이스라엘 가운데서 이런 일을 본 적이 없다 하되 바리새인들은 이르되 그가 귀신의 왕을 의지하여 귀신을 쫓아낸다 하더라 예수께서 모든 도시와 마을에 두루 다니사 그들의 회당에서 가르치시며 천국 복음을 전파하시며 모든 병과 모든 약한 것을 고치시니라 무리를 보시고 불쌍히 여기시니 이는 그들이 목자 없는 양과 같이 고생하며 기진함이라 이에 제자들에게 이르시되 추수할 것은 많되 일꾼이 적으니 그러므로 추수하는 주인에게 청하여 추수할 일꾼들을 보내 주소서 하라 하시니라(마 9:33-38).

---

[1] 1837년 11월 12일, 던디(Dundee)에 있는 성 베드로 교회에서 한 설교.

1. "무리를 보시고 불쌍히 여기시니"

우리는 마태복음 4장 23절에서 예수님이 사역을 처음 시작하실 때 갈릴리가 그 일하시는 현장이었음을 배웁니다. "예수께서 온 갈릴리에 두루 다니사 그들의 회당에서 가르치시며 천국 복음을 전파하시며 백성 중의 모든 병과 모든 약한 것을 고치시니." 우리는 또 수많은 무리가 예수님을 따랐음을 배웁니다(25절). 마태복음 5장, 6장, 7장은 예수님이 무엇을 가르치시고 전파하셨는지 그 보기를 담고 있습니다. 8장과 9장은 예수님이 어떻게 고치셨는지를 보여 줍니다. 그리고 이제 9장 35절에서 우리는 예수님이 갈릴리의 모든 도시와 마을에 두루 다니셨다는 말씀을 듣습니다. 예수님은 살피기를 마치시고, 무리를 보시고는 불쌍히 여기셨습니다. 그때 갈릴리는 사람들이 빼곡히 들어선 지방이었습니다. 그 도시들과 마을들은 주민들로 가득했습니다. 그래서 "민족들의 갈릴리"(사 9:1, KJV 직역), 곧 인구가 많은 갈릴리라는 이름을 얻었습니다. 제가 여러분에게 눈여겨보기를 바라는 것은, 구주께서 이렇게 붐비는 도시와 북적이는 마을과 자기를 따르는 무리를 실제로 살피셨고, 이렇게 실제로 보고 살피신 것이 구주의 마음에 동정심을 불러일으켰다는 사실입니다. 구주의 눈이 구주의 마음을 움직였습니다. "무리를 보시고 불쌍히 여기시니."

1) 이 말씀은 그리스도가 참 사람이셨음을 보여 줍니다. 성경 전체는 그리스도가 참 하나님이시고, 하나님과 함께 계신 하나님이시고(요 1:1), "만물 위에 계셔서 세세에 찬양을 받으실 하나님"(롬 9:5)이셨음을 보여 줍니다. 그런데 이 일은 그리스도가 참 사람이셨음을 보여 줍니다. 무언가를 보고 압도당하는 것은 사람에게 속한 일입니다. 여러분이 겨울 저녁에 화로 곁에 앉아서 사정없이 몰아치는 폭풍 소리와 창문에 내리치는 비와 진눈깨비 소리를 들으며 집도 절도 없이 떠도는 어떤 사람을 생각할 때, 여러분은 마음이 살짝 움직여 잠깐이나마 한숨을 내쉬고, 안쓰러운 마음을 내비칩니다. 그런데 이 떠돌이가 문 앞에 와서 흠뻑 젖은 채로 덜덜 떨고 있는 것을 본다면, 눈이 마음을 움직여 안쓰러운 마음이 천 배나 커지고, 여러분은 이 사람에게 들어와 앉아서 불 좀 쬐라고 할 것입니다.

여러분이 몸이 좋아 얼굴이 활짝 폈을 때는 누군가가 아프다는 얘기를 들어도 크게 영향을 받지 않습니다. 그런데 여러분이 가서 문을 따고 가만히 들어가 핼쑥한 얼굴과 떼

꾼한 눈과 벌떡이는 가슴을 보면, 눈이 마음을 움직여 안쓰러운 마음이 거센 강물처럼 밀려듭니다. 이것이 사람됨입니다. 이것이 사람의 마음씨이고, 그리스도의 마음씨였습니다. "무리를 보시고 불쌍히 여기시니." 언젠가 사람들이 그리스도를 사랑하는 친구의 무덤으로 데려갔습니다. 이들이 "와서 보옵소서"(요 11:34) 하니까, "예수께서 눈물을 흘리시더라"(요 11:35)고 했습니다. 또 언젠가 나귀 새끼를 타고 감람산(예루살렘 위로 우뚝 솟은 언덕)을 지나실 때였습니다. 길모퉁이에 이르자 예루살렘이 눈앞에 탁 트였고, 예수님은 가까이 가서 성을 보시고 우셨습니다(눅 19:41). 그리고 여기서도 마찬가지였습니다. 갈릴리의 온 도시와 마을을 두루 다니시며 영원한 멸망으로 서둘러 가는 불쌍하고 흩어진 무리를 보시고는 불쌍히 여기셨습니다.

믿는 분들에게 말씀드리겠습니다. 예수님은 여러분의 맏형이십니다. 예수님은 요셉이 자기 형들에게 말한 것처럼 말씀하십니다. "나는 당신들의 아우(형제) 요셉이니"(창 45:4). 예수님은 여러분이 괴로워할 때마다 함께 괴로워하십니다. 예수님은 우리의 연약함을 동정하지 못하실 이가 아니요 모든 일에 우리와 똑같이 시험을 받으신 이로되 죄는 없으신 대제사장이시기 때문입니다(히 4:15). 여러분 중에는 아프고, 열병에 시달리는 어린 자녀를 둔 사람이 있습니다. 예수님은 이 아이들을 불쌍히 여기십니다. 예수님도 한때 어린아이셨기 때문입니다. 어린이 여러분, 여러분이 예수님을 구주로 받아들이면, 모든 걱정을 예수님께 가져갈 수 있습니다. 예수님은 어린아이가 된다는 것이 무엇인지 아시기 때문입니다. 다 자란 성도 여러분, 여러분은 피곤하고, 배고프고, 목마르고, 헐벗는 고통을 압니다. 이것을 예수님께 아뢰십시오. 예수님은 이것도 아시기 때문입니다. 여러분은 마음이 무겁고 축 늘어져 죽을 지경으로 괴로운 고통을 알고(마 26:38, 공동번역), 하나님이 얼굴을 숨기시는 고통을 압니다. 예수님은 이것도 아십니다. 그렇다면 예수님께로 가십시오. 예수님이 죄다 고쳐 주실 것입니다.

2) 이 말씀은 또한 그리스도인이 가서 봐야 한다는 것을 보여 줍니다. 많은 그리스도인이 자기 혼자 그리스도인 된 데 만족합니다. 자기 혼자 복음을 끌어안고, 자기 방에 앉아 혼자 복음을 즐기는 데 만족합니다. 그리스도는 그러지 않으셨습니다. 물론 그리스도는 혼자 있는 것을 아주 좋아하셨습니다. 한번은 제자들한테 "너희는 따로 한적한 곳

에 가서 잠깐 쉬어라"(막 6:31)고 하시기도 했고, 또 홀로 산비탈에 가서 밤이 새도록 기도하시는 일도 잦았습니다. 하지만 그리스도가 쉴 새 없이 돌아다니신 것도 사실입니다. 그리스도는 가서 보고, 불쌍히 여기셨습니다. 자기 골육을 피하여 숨지 않으셨습니다(사 58:7). 여러분도 그리스도를 닮아야 합니다. 여러분은 '가서 보자'고 해야 합니다. 가난한 사람들을 가서 봐야 합니다. 그러면 이들을 불쌍히 여길 것입니다. 예수님이 자기 모든 백성에게 하시는 말씀을 기억하십시오. "(내가) 병들었을 때에 (너희가) 돌보았고 옥에 갇혔을 때에 와서 보았느니라"(마 25:36). 사랑하는 친구 여러분, 속지 마십시오. 교회 문 앞에서 남을 돕는답시고 쌀쌀맞게 돈 몇 푼 건네주고, 이것이 예수님의 경건이라고 생각하기는 쉽습니다. 그러나 "하나님 아버지 앞에서 정결하고 더러움이 없는 경건은 곧 고아와 과부를 그 환난 중에 돌보고 또 자기를 지켜 세속에 물들지 아니하는 그것"(약 1:27)입니다.

2. 예수님이 보신 것

1) 예수님은 무리를 보셨습니다. 예수님은 인구가 많은 갈릴리의 붐비는 도시들과 마을들을 두루 다니셨습니다. 아, 얼마나 많은 얼굴을 보셨을까요! 이것이 예수님을 슬프게 했습니다. 무리를 바라보는 것은 무언가 그리스도인을 아주 슬프게 하는 것이 있습니다. 큰 도시의 북적이는 거리에 서서 영원으로 흘러가는 사람들의 흐름을 보고 있노라면, 마음속에 끔찍한 슬픔이 밀려듭니다. 하나님의 집에 서서 예배하러 모인 빼곡한 사람들을 바라볼 때도, 참된 그리스도인은 누구나 불쌍한 생각으로 가슴이 미어집니다.

왜 그렇습니까? 거의 모두가 멸망하는 영혼인 까닭입니다. 아, 이 때문에 구속자의 가슴속에 동정심이 가득했습니다. 아, 여러분의 마을 거리를 허겁지겁 지나가는 북적이는 모든 사람 중에서, 여러분의 붐비는 공장에서 우르르 빠져나오는 모든 무리 중에서, 예수님 오른편에 설 사람이 얼마나 적을까요! 아니, 훨씬 가까이 와서, 여기 하나님 집에 나온 지금 우리 앞에 있는 수백 사람(제가 책임지고 보살펴 돌봐야 할 영혼들), 곧 여러분처럼 듣고 싶어 하고 듣기를 간절히 바라는 많은 사람 중에서, 우리가 전한 것을 믿는 사람이 얼마나 적습니까! 주 예수의 날에 저에게 기쁨과 자랑의 면류관이 될 사람이 얼마나 적을까요(살전 2:19)!

친구 여러분, 이곳에 멸망할 영혼이 하나라도 있다면 얼마나 끔찍할지 한번 생각해 보십시오. 오늘 우리 곁에 아무 탈 없이 멀쩡히 있던 어떤 사람이 조금 있다가 귀신들 곁에서 구더기와 불길을 느끼고 이를 갈게 된다면, 얼마나 끔찍하겠습니까! 마을 전체에 이런 사람이 하나만 있어도, 저는 영혼을 슬프게 하기에 충분하리라고 생각합니다. 아, 그런데 성경은 "청함을 받은 자는 많되 택함을 입은 자는 적으니라"(마 22:14)고 하지 않습니까? 아, 그렇다면 여러분은 예수님이 왜 불쌍히 여기셨는지 알 것입니다. 그리고 여러분도 틀림없이 마음속에 같은 감정을 느끼지 않고는 사람들을 보지 못할 것입니다.

2) 예수님은 무리가 기운이 없는 것을 보셨습니다.[2] 아마 굶주림 때문이었을 것입니다. 가난하고 힘없고 연약한 사람들이었습니다! 연약한 사람들을 보면서 가장 마음 아플 때는 이들이 회심하지 않은 채로 있을 때입니다. 거미를

---

2 개역개정판은 무리가 고생하며 기진했다고 옮기고 있지만, 킹제임스판(KJV)은 무리가 기운이 없고 흩어졌다고 옮기고 있다.

커다란 용광로에 던지면, 어떻게 될까요? 녹아서 아주 없어져 버릴 것입니다. 뜨거운 불길을 버티기에 너무 여리고 보잘것없고 약하기 때문입니다. 이것이 바로 예수님이 보신 모습입니다. 먹을 것이 없어 기운이 쭉 빠진 가난하고 연약한 사람들이 지식이 없어 멸망하는 모습을 보셨습니다. 그리고 이렇게 생각하셨습니다. '아, 육신의 작은 결핍도 못 견디는 이들이 내가 노함으로 밟고 분함으로 짓밟을 때 내 아버지의 진노를 어떻게 견딜까(사 63:3)?' 아, 예수님이 슬퍼하신 것에 놀라지 마십시오. 한번 생각해 보십시오. 아주 여리고 약한 사람은 배가 고프거나 조금만 아파도 못 견딥니다. 열병이 났는데 침상에서 돌아 눕혀 줄 사람이 없다면, 얼마나 가엾습니까! 여러분은 그리스도 없이 죽는 것을 어떻게 견디시겠습니까? 살아 계신 하나님의 손에 빠져들어 가는 것은 어떻게 견디시겠습니까(히 10:31)? 여러분이 지금 하나님과 싸울 수 없다면, 죽고 나서는 어떻게 하나님과 싸우리라고 생각하십니까?

3) 예수님은 무리가 흩어진 것을 보셨습니다. 양들은 우리 밖으로 나오면, 떼 지어 다니지 않고, 산 곳곳으로 흩어집니다. 저마다 제 갈 길로 뛰어갑니다. 이것이 바로 예수

님이 무리에게서 보신 모습입니다. 모두가 흩어져, 저마다 제 갈 길로 갔습니다. 예수님은 도시들과 마을들에서 사람들이 저마다 다른 것을 따라가는 것을 보셨습니다. 어떤 무리는 돈을 최고선으로 삼고 돈을 따라갔습니다. 그런데 밤낮으로 고되게 일하고도 번 돈을 마음껏 쓰지도 못합니다. 또 어떤 무리는 춤과 노래, 오르간, 북과 같은 즐길 거리를 따라갔습니다. 어떤 무리는 흥청망청 먹고 마시는 쾌락을 따라갔습니다. 이들은 자기 배를 신으로 삼고, 자신의 부끄러움을 영광으로 삼았습니다(빌 3:19). 이들은 거머리처럼 달라고 보챘습니다(잠 30:15, 공동번역). 또 다른 무리는 입에 담기조차 부끄러운, 훨씬 어둡고 역겨운 것을 따라갔습니다. 예수님은 모두를 보셨고, 모두의 마음을 보셨습니다. 그리고 불쌍히 여기셨습니다. 모두가 이렇게 흩어져 아무도 하나님을 찾지 않았기 때문입니다. 잘 보십시오. 예수님은 화내거나 으르대지 않으시고, 불쌍히 여기셨습니다.

회심하지 않은 분들에게 말씀드리겠습니다. 여러분은 이렇게 저마다 제 갈 길로 흩어져 갔습니다. 저마다 살면서 가장 좋아하는 걸음으로, 가장 좋아하는 길로 걸어갔습니다. 여러분은 저마다 다른 길로 가지만, 모두 하나님에게서 멀어져 갑니다. 저는 여러분이 무엇을 가장 좋아하는지 여러분의 속마음을 모릅니다. 그러나 제가 아는 한 가지는, 여러분이 그리스도를 떠나고 하나님을 떠나기를 좋아한다는 사실입니다. 그리스도의 눈길이 여러분 모두에게 가 있습니다. 여러분의 지난날에 가 있고, 여러분의 마음에 가 있습니다. 그리스도는 여러분이 내디딘 모든 걸음을 아시고, 여러분이 지은 모든 죄, 여러분의 마음을 다스리는 모든 정욕을 아십니다. 그리스도의 눈길이 지금 이 모임에 머물러 있습니다. 하나 묻겠습니다. 예수님은 여러분을 보고 어떻게 느끼실까요? 어떤 사람은 노여워하신다고 할 테고, 어떤 사람은 복수심을 느끼신다고 할 것입니다. 성경은 뭐라고 합니까? 불쌍히 여기신다고 합니다. 예수님은 여러분을 가엾게 여기시고, 여러분이 멸망하지 않기를 바라십니다. 아, 예수님의 상냥한 동정이여! 예수님은 암탉이 그 새끼를 모으듯이 여러분을 몇 번이나 모으려 하셨습니다. 그런데 여러분이 원하지 않았습니다(마 23:37).

4) 예수님은 무리가 목자 없는 양 같음을 보셨습니다. 이것이 가장 슬픈 일이었습니다. 양들이 우리 밖으로 나와 기운이 싹 빠지고 산 위에 뿔뿔이 흩어져 있어도, 잃은 양

을 찾아 우리로 다시 데려갈 목자만 몇 있다면, 이 모습은 조금도 괴롭지 않을 것입니다. 그런데 이 양들에게 목자가 없을 때, 상황은 절망스럽습니다. 그리스도의 날에 갈릴리 사람들이 그랬습니다. 이들에게 하나님의 마음에 맞는 목사들만 있었다면, 이들의 형편은 그렇게 나쁘지 않았을 것입니다. 하지만 이들은 목자 없는 양 같았습니다. 이것이 예수님을 슬프게 했습니다.

예수 그리스도는 어제나 오늘이나 영원토록 동일하십니다(히 13:8). 예수님은 갈릴리의 온 동네와 마을을 두루 다니시며 무리를 보셨듯이, 이제 우리가 사랑하는 이 나라의 온 동네와 마을을 두루 다니십니다. 아, 그리스도께서 갈릴리의 몇 천 명을 보고도 불쌍히 여기셨다면, 스코틀랜드의 몇 만 명을 보고는 더없이 불쌍히 여기실 것이 틀림없습니다. 여러분 중에 하나님의 집 문턱을 넘은 적 없는 에든버러의 오만 명을 아무 관심 없이 차갑게 바라볼 수 있는 사람이 있을지 모르겠습니다. 시편 찬송도, 기도 소리도 모르는 글래스고의 팔천 명에 대해 듣고도 아무렇지 않은 사람이 있을지 모르겠습니다. 여러분 마을에 사는 수없이 많은 사람들 가운데서 그 옷과 몸가짐과 드러내 놓은 방탕으로 전해진 구주 소식을 아예 모르고 있음을 보여 주는 수천 명의 야위고 악에 찌든 얼굴을 보고도 동정의 눈물 한 방울 흘리지 않고, 입술에 기도 한마디 올리지 않는 사람이 있을지 모르겠습니다. 그런데 이 하늘들 위에 이들을 보고 심장이 고동치는 분이 계십니다. 그리고 하늘에도 눈물이 있을 수 있다면, 상냥한 구주께서 눈물을 흘리셨을 것입니다. 무리가 기운이 없고 흩어져 있고, 무엇보다 목자 없는 양 같음을 보시기 때문입니다.

여러분 중에 어떤 사람은 무리를 불쌍히 여기지 않습니다. 또 어떤 사람은 우리에게 목사가 넉넉히 있다고 생각합니다. 여기 보십시오. 여러분은 그리스도와 얼마나 다릅니까? 여러분 속에는 그리스도의 영이 없고, 여러분은 그리스도의 사람이 아닙니다(롬 8:9). 여러분 중에 어떤 사람은 주 예수를 알고 그 말씀 앞에 벌벌 떱니다. 오늘 예수님과 같은 마음을 품는 법을 배우십시오. "너희 안에 이 마음을 품으라 곧 그리스도 예수의 마음이니"(빌 2:5). 그리스도는 무리를 불쌍히 여기셨습니다. 아, 여러분은 안 불쌍히 여기시겠습니까? 그리스도는 이들을 위해 자신을 바치셨습니다. 여러분은 무엇을 바치시겠습니까? 여러분이 여기서 그리스도를 닮지 않는다면, 심판 날에 이 집의 돌들이 여러분에 맞서 일어나 틀림없이 여러분을 정죄할 것입니다. "너희가 거저 받았으니 거저 주라"(마 10:8).

3. 해결책

1) 더 많은 일꾼. "추수할 것은 많되 일꾼이 적으니." 그리스도는 갈릴리 마을에 추수할 것이 아주 많다고 보셨습니다. 낫을 대야 할 들판이 죽 늘어선 것을 보셨습니다. 그리스도와 그 사도들은 적은 무리의 추수꾼 같았습니다. 하지만 추수할 것에 대면 이들이 얼마나 되겠습니까? 베어서 거두어들이기 전에, 익은 곡식은 흔들리고 그 열매는 바닥에 떨어질 것입니다. 그래서 그리스도는 이렇게 말씀하십니다. "그러므로 추수하는 주인에게 청하여 추수할 일꾼들을 보내 주소서 하라."

오늘날과 그리스도의 날에는 눈에 띄게 닮은 점이 있습니다. ① 우리 도시들과 마을들은 갈릴리의 도시들과 마을들처럼 사람들로 들끓습니다. 그리고 추수할 것에 대면 적은 무리의 신실한 목사들은 너무 보잘것없습니다. ② 사람들이 듣고 싶어 합니다. 하나님의 사람은 어디로 보내심을 받든지, 그 둘레에 영생의 말씀 듣기를 사모하는 무리가 모여들었습니다. 곡식은 익었고, 거둬들일 때가 되었습니다. 아, 그렇다면 이것을 사람이 꾸며 낸 계략이라고 하지 마십시오. 우리가 목사를 부유하게 하려고 한다고 하지 마십시오. 우리가 우리 자신의 일을 꾀한다고 하지 마십시오. 우리는 그리스도의 명령을 따르고 있을 뿐입니다. "추수하는 주인에게 청하…라."

2) 하나님이 보내시는 일꾼. ① 이것은 우리가 세움을 받은 목사, 곧 하나님이 보내시고 하나님이 떠미시는 사람을 구해야 한다는 것을 보여 줍니다. 어떤 사람들은 좋은 뜻에서 일반 그리스도인이나 세움을 받지 않은 사람이 목회 사역을 해도 괜찮다고 생각합니다. 이것은 사탄이 착한 사람들을 빠트리려고 파 놓은 구렁텅이입니다. 이 존귀는 오직 아론과 같이 하나님의 부르심을 받은 사람 말고 아무도 스스로 취하지 못한다는 것을 성경 전체가 보여 주지 않습니까(히 5:4)? 그리스도의 대제사장 되심도 스스로 영광을 취하신 것이 아닙니다(히 5:5). 보내심 받지 않고 달음질하는 자는 화가 있도다! 웃사는 좋은 뜻으로 궤를 붙들었지만, 그 때문에 죽었습니다.

3) 회심한 목사. 사람들이 외적 부르심 없이 달음질할 수 없다면, 내적 부르심 없이는 더더욱 달음질할 수 없습니다. 그리스도의 날에 목사가 수없이 많았습니다. 여러분은 길모퉁이를 돌 때마다 이들을 만날 수 있었을 것입니다. 하지만 이들은 소경을 이끄는 소경이었습니다. 마찬가지로 우리 가운데 수많은 목사가 세워진다 해도, 우리는 목자 없는 양 같을 수 있습니다.

아, 그리스도를 알고 사랑하는 여러분, 동틀 때까지 하나님과 씨름한 야곱 같은 여러분, 이것을 놓고 하나님과 씨름하십시오. 하나님이 주실 때까지 하나님을 가만히 두지 마십시오. 제 가슴속에는 달콤한 확신이 하나 있습니다. 우리가 믿음과 기도를 쭉 이어 가며 무너진 하나님의 단을 일으켜 세우면, 하나님이 자기 백성의 부르짖는 소리를 들으시고, 이들에게 자기 마음에 맞는 선생들을 주시리라는 사실입니다. 스코틀랜드 교회에 이전에 없었던 날들이 밝아 올 것입니다. 그때 우리 선생들은 더는 구석으로 쫓겨나지 않을 것이고, 큰 목자가 친히 떡에 축사하시고, 작은 목자들에게 떡을 나누어 주실 것입니다. 그리고 작은 목자들이 이것을 무리에게 나누어 주어 모두가 배불리 먹을 것입니다.

2

그리스도로 말미암아
실족하지 아니하는 자는 복이 있도다

2. 그리스도로 말미암아
실족하지 아니하는 자는 복이 있도다

예수께서 열두 제자에게 명하기를 마치시고 이에 그들의 여러 동네에서 가르치시며 전도하시려고 거기를 떠나가시니라 요한이 옥에서 그리스도께서 하신 일을 듣고 제자들을 보내어 예수께 여짜오되 오실 그이가 당신이오니이까 우리가 다른 이를 기다리오리이까 예수께서 대답하여 이르시되 너희가 가서 듣고 보는 것을 요한에게 알리되 맹인이 보며 못 걷는 사람이 걸으며 나병환자가 깨끗함을 받으며 못 듣는 자가 들으며 죽은 자가 살아나며 가난한 자에게 복음이 전파된다 하라 누구든지 나로 말미암아 실족하지 아니하는 자는 복이 있도다 하시니라 그들이 떠나매 예수께서 무리에게 요한에 대하여 말씀하시되 너희가 무엇을 보려고 광야에 나갔더냐 바람에 흔들리는 갈대냐 그러면 너희가 무엇을 보려고 나갔더냐 부드러운 옷 입은 사람이냐 부드러운 옷을 입은 사람들은 왕궁에 있느니라 그러면 너희가 어찌하여 나갔더냐 선지자를 보기 위함이었더냐 옳다 내가 너희에게 이르노니 선지자보다 더 나은 자니라 기록된 바 보라 내가 내 사자를 네 앞에 보내노니 그가 네 길을 네 앞에 준비하리라 하신 것이 이 사람에 대한 말씀이니라 내가 진실로 너희에게 말하노니 여자가 낳은 자 중에 세례 요한보다 큰 이가 일어남이 없도다 그러나 천국에서는 극히 작은 자라도 그보다 크니라 세례 요한의 때부터 지금까지 천국은 침노를 당하나니 침노하는 자는 빼앗느니라 모든 선지자와 율법이 예언한 것은 요한까지니 만일 너희가 즐겨 받을진대 오리라 한 엘리야가 곧 이 사람이니라 귀 있는 자는 들을지어다(마 11:1-15).

어떤 선한 사람이 다른 사람에게 의무를 행하도록 권하면서 아주 간절히 조언하고 격려할 때, 자신의 조언에 대한 반응이 돌아오면, 이 사람은 자신이 몸소 수고하는 데서 새 힘을 얻게 됩니다. 따라서 우리는 오늘 본문 첫 구절에서 우리 주님이 우리 본성에서 죄가 아닌 모든 일에 얼마나 온전히 함께하셨는지 볼 수 있습니다. 예수님은 자기 제자들에게 명하기를 마치신 바로 그때, 제자들의 여러 동네에서 가르치시고 전도하시려고 그 계시던 곳을 떠나가셨기 때문입니다. 이렇게 해서 예수님은 제자들에게 자신의 사역에서 명령하고 본을 보이는 일이 함께 간다는 것임을 보여 주셨고, 또 전도하실 뿐 아니라 가르치심으로써 세상의 복음화가 더 엄숙하고 길이가 긴 강설로만 아니라 더 편안하고 익숙한 소통으로도 얼마나 확실하게 이루어질 수 있는지 보여 주셨습니다. 또 예수님이 친히 일하시려고 고르신 곳이 그 제자들의 동네였다는 사실도 눈여겨볼 가치가 있어 보입니다. 예수님은 제자들에게 시간이 얼마 없으니 이스라엘의 동네들로 가서 서둘러 그곳을 살피라고 명하셨습니다(마 10:23). 오늘 본문 첫 구절은 이렇게 제자들이 "이스라엘 집의 잃어버린 양"(마 10:6)을 도우려고 선교 여행을 떠난 동안 예수님이 친히 일하시는 모습을 뚜렷이 보여 주는데, 이 장면을 보고 제가 내린 결론은, 예수님이 이들을 보내어 복음을 전하게 하신 곳이 이들의 고향은 아니라는 사실입니다. 예수님은 "선지자가 고향에서는 높임을 받지 못한다는 것"(요 4:44)을 아셨고, 또 조금 전에 말씀하셨듯이 "사람의 원수가 자기 집안 식구리라"(마 10:36)는 것을 아셨기 때문입니다. 그래서 예수님은 이들이 없는 사이에 친히 이들의 고향을 돌보셨습니다. 예수님의 제자들은 모두 갈릴리 사람으로, 주로 벳새다와 가버나움 출신이었습니다. 우리는 그리스도가 바로 이 지역으로 발걸음을 내디디신 것을 알 수 있습니다. 이렇게 해서 우리 주님은 우리가 복음을 전할 때 의무를 행하는 데 주춤하지 않고 원칙에서 벗어나지 않는다면, 타고난 이점을 모두 활용할 수 있고 타고난 장애물을 모두 피할 수 있다고 가르쳐 주려고 하셨습니다.

우리는 마태와는 달리 일이 일어난 차례대로 복음서를 기록한 누가한테서, 우리 주님이 이렇게 가르치시고 전도하시는 중에 나인이라고 하는 작은 성읍에 이르셨음을 배웁니다(눅 7:11-19). 주님은 그 성문에서 과부의 외아들을 살려 주셨는데, 이 과부의 눈앞에서, 또 문상객들과 성문을 어슬렁거리는 모든 사람 앞에서 살려 주셨습니다. 그러자 모든 사람이 두려워하고 하나님께 영광을 돌리면서 말하기를, 큰 선지자가 우리 가운데 일어나셨다 했고, 또 하나님이 자기 백성을 돌보셨다 했습니다. 예수님에 대한 이 소문은 온 유대와 사방에 두루 퍼졌습니다. 구주가 하신 놀라운 일에 대한 소문은 참으로 아주 멀리까지 퍼져, 세례 요한의 귀에까지 들어갔음을 우리는 알 수 있습니다. 요한은 그때 사해 건너 외따로 떨어진 마케루스 요새의 지하 감옥에 갇혀 있었습니다. 이 모든 일은 요한의 제자들, 곧 요한이 인기 있을 때 요한을 따랐고, 요한이 음탕한 폭군의 포악으로 공생활을 내려놓고 혼자가 되었을 때도 요한의 곁을 떠나지 않았고, 요한이 죽고 나서도 그 머리 잘린 주검을 가져다가 무덤에 묻어 준 요한의 신실한 일꾼들이 요한에게 알려 주었습니다. 이것은 구주께 소식을 보낼 좋은 기회였습니다. 이 사실과 그 결과를 오늘 본문의 나머지 구절에서 보여 주고 있습니다. "요한이…제자들[3]을 보내어 예수께 여짜오되 오실 그이" 좀더 정확히 말하면, '오시는 그이', "가 당신이오니이까 우리가 다른 이를 기다리오리이까?"

세례 요한이 이렇게 물은 목적을 설명하는 데 두 가지

---

[3] 킹제임스판은 "제자 둘"이라고 옮기고 있다. 이 사실은 눅 7장 19절에서 확인할 수 있다.

해석 방법이 쓰여 왔습니다. 그 가운데 첫 번째로 가장 흔한 해석은, 요한이 이 두 제자를 보낸 것은 요한 자신을 위해서가 아니라 그 제자들을 위해서였다고 생각하는 해석입니다. 요한의 가르침은 언제나 사람들을 구주께로 인도하는 데 그 목적이 있었지만, 이 두 제자는 더디 믿은 도마나 편견에 사로잡혀 "나사렛에서 무슨 선한 것이 날 수 있느냐?"(요 1:46)고 한 나다나엘처럼 강퍅하고 완고하지 않았나 싶습니다. 이것은 요한복음에서 말하는 다른 두 제자, 곧 자기네 선생이 "보라 하나님의 어린양이로다"(요 1:36)고 하는 말을 처음 듣고는 그분을 자기네 선생이요 주인으로 따르고 그분과 함께 살려고 자기네 옛 선생을 버리고 떠난 제자들과는 아주 다른 태도였습니다. 그렇다면 세례 요한은 그 의심하는 제자들을 영생의 말씀을 가지시고, 자기에게 진실하게 오는 자를 결코 내쫓지 않으시는 분 말고 누구한테 보낼 수 있었겠습니까(요 6:68, 37)? 이 의견을 지지하는 데서 잘 드러나는 사실은, 구주가 막 사역을 시작하실 때, 곧 아무런 기적도 행하시기 전에 구주에 대해 놀라운 증언을 한 요한이, 그분이 메시아시라는 증거가 줄기는커녕 날마다 온갖 새로운 기적이 행해지고 온갖 새로운 교리가 전해지는 지금 예수님에 대한 자신의 생각을 바꾼다는 것은 있을 수 없는 일이라는 사실입니다. 요한의 제자들이 자기네 선생에게 하는 그리스도에 대한 또 다른 보고가 이 의견을 강력히 확증합니다. 여기서 우리는 이 제자들이 구주를 그리 탐탁지 않게 여겼다는 것을 똑똑히 볼 수 있습니다. "랍비여 선생님과 함께 요단강 저편에 있던 이 곧 선생님이 증언하시던 이가 세례를 베풀매 사람이 다 그에게로 가더이다"(요 3:26). 이에 요한은 선지자의 눈으로 자신의 쇠퇴를 내다보고, 위에서 오시는 이가 만물 위에 계시다고 믿으며 너그러이 대답했는데, 여기서 우리는 요한이 예수님의 명성을 터럭만큼도 질투하고 있지 않음을 알 수 있습니다. 그는 여전히 요단강 돌둑 위에서 하나님의 어린양을 가리킬 때와 같은 신실한 요한이었습니다. 끝으로, 짧지만 가장 흥미로운 사실, 곧 요한의 제자들이 이 방문으로 구주와 화해한 것이 뚜렷해 보인다는 사실이 이 의견을 확증합니다. 성경은 이들이 자기네 사랑하는 선생의 목 잘린 주검을 가져다가 마지막 슬픈 의식을 치르고 난 그 쓰라린 시간에, "가서 예수께 아뢰니라"(마 14:12)고 하면서 애처로울 만큼 단순하게 말하기 때문입니다.

요한이 제자 둘을 보내어 이렇게 묻고 있는 까닭을 설명하기 위해 내놓은 두 번째 해석 방법은, 이것이 제자들을 위해서가 아니라 요한 자신을 위해서였다고 해석하는 것입니다. 이것은 요한이 예수님의 메시아 됨이나 신성을 조금이라도 의심해서 그런 것이 아닙니다. 이런 생각은 제가 앞에서 말한 이유들로 도무지 받아들일 수 없습니다. 하지만 요한은 나머지 제자들과 마찬가지로 메시아 나라의 참 본질과 목적에 대해 짙은 어두움 가운데 있었습니다. 구약 선지자들을 부지런히 연구한 이 하나님의 사람은, 하나님 나라가 가까이 왔다는 것을 회개를 재촉하는 단 하나의 논거로 쓰면서 하나님 나라가 사람들 가운데 세워지기를 크게 소망하며 기다렸습니다. 요한은 선포할 때 자신이 광야의 외치는 소리인 줄 알았습니다. "너희는 주의 길을 준비하라"(마 3:3). 이 굳센 엘리야의 영혼은 스스로 거룩한 기대감을 끌어올리고 있었고, 그날이 가까워 보일수록 더욱 그랬습니다. 그런데 지칠 줄 모르고 일하던 그는 느닷없이 사로잡혀 갔고, 광야의 흔들바람은 감옥의 축축함으로 바뀌고 말았습니다. 만왕의 왕을 앞서 온 이에게 이 얼마나 낯선 대접입니까! 메시아께서 무엇을 하시느라 바빠서 자신의 신실하고 능력 있는 일꾼을 이토록 무력하고 멸시받는 채로 내버려 두신다는 말입니까? 그분도 하시던 일을 그만두고 아무도 모르는 데 가서 조용히 계십니까? 아닙니다. 제자들은 그분 손으로 행하신 놀라운 일들을 말하지 않는 사람이 없다는 소식을 전해 주고 있습니다. 모든 사람이 "이스라엘 가운데서 이런 일을 본 적이 없다"(마 9:33)고 고백합니다. 아프고, 절뚝거리고, 눈먼 사람이 나았을 뿐 아니라, 나인 성 과부의 아들이 죽었다가 살아나기까지 했습니다. 요한은 이런 일들을 이사야의 뚜렷하고 두드러진 선언과 대보았습니다. 그런데 아무리 머리를 굴려 생각하고 또 생각해 봐도, 어리둥절하고 헷갈릴 뿐이었습니다. 요한은 메시아에 대한 다음의 말씀을 잘 알았습니다. "내가…너를 세워 백성의 언약과 이방의 빛이 되게 하리니 네가 눈먼 자들의 눈을 밝히며…"(사 42:6-7). 그리고 이 말씀이 예수님 안에서 이루어진 것을 보았습니다. 그리고 이어서 읽습니다. "네가 눈먼 자들의 눈을 밝히며 갇힌 자를 감옥에서 이끌어 내며 흑암에 앉은 자를 감방에서 나오게 하리라"(사 42:7). 요한은 메시아에 대한 또 다른 말씀으로 눈을 돌립니다. "주 여호와의 영이 내게 내리셨으니 이는 여호와께서 내게 기름을 부으사 가난한 자에게 아름다운 소식을 전하게 하려 하심이라 나를 보내사 마음이 상한 자를 고치며…"(사 61:1). 요한은 여기서 불쌍한 나인 성 과부의 마음을 기쁘게 하신 바로 그 예수님을 보지 않을 수 없었습니다. 그리고 이어서 읽습니다. "마음이 상한 자를 고치며 포로 된 자에게 자유를, 갇힌 자에게 놓임을 선포하며"(사 61:1). 요한의 믿음이 아직 흔들린 것은 아닐지라도, 여기에 이해할 수 없는 신비가 있었습니다. 아무리 머리를 굴려 봐도 풀 수 없었고, 마음 편히 쉴 수 없었습니다. 이렇게 머릿속이 복잡한 상태에서, 요한은 우리 앞에 있는 소식과 함께 제자 둘을 구주께 보내기로 마음먹었습니다. 그 물음은 그저 이런 뜻이었습니다. '메시아 됨의 이 모든 표적을 정말로 당신이 행하신 것이라면, 왜 선지자들이 예언한 것을 전부 다 행하지 않으십니까? 당신이 옥문을 여시는 분이라면, 왜 사람들에게 회개하고 당신의 나라로 서둘러 가라고 권하는 것이 가장 큰 기쁨인 당신의 종을 어두컴컴한 지하 감옥에 가두어 두십니까? 당신이 정말 메시아라면, 왜 큰 권세를 잡고 다스리지 않으십니까?'

많은 것이 이 해석을 뒷받침하는 듯 보입니다. 가장 먼저, 2절을 보면, 요한이 옥에서 "그리스도(곧, 메시아)께서 하신 일"을 들었다고 말합니다. 캠벨George Campbell은 이것을 "메시아를 특징짓는 일"이라고 설명합니다. 요한은 무엇이 가로막기에 메시아를 특징짓는 일을 모두 행하지 않으시는지 알려고 제자 둘을 보냈습니다.

또 그리스도께 던진 물음도 이 의견을 뒷받침합니다. 당신이 '오시는 이'(시편에서 가져온 메시아의 이름, 시 118:26)이십니까? 당신이 정말 이사야와 모든 선지자가 말한 그분이십니까? 그런데 왜 제 옥문은 아직 잠겨 있습니까?

또 이 물음 안에 담긴 간접성도 이 의견을 뒷받침합니다. 먼저, 간접으로 묻는 방식은 언제고 요한의 똑 부러지고 남자다운 태도와 어울리지 않는다고 생각할 수 있습니다. 아마 평소 같았으면, 제자들한테 '가서 그분이 정말 그리스도가 맞는지 확인해 보라'고 똑똑히 말했을 것입니다. 그런데 요한이 적막과 어둠에 매여 괴로워했고, 이 사실을 인정하기 부끄러워했다고 생각한다면, 이 물음 안에 담긴 간접성을 아주 자연스럽게 이해할 수 있습니다.

또 구주께서 제자들이 아닌 요한에게 답변을 하셨다는 사실도 이 의견을 뒷받침합니다. 예수님은 '너희는 보고 생각하고 이제 믿으라'고 하시지 않고, '가서 요한한테 알리라'고 하십니다. 이뿐 아니라, 제자들이 요한에게 가져가려는 소식은 제자들 자신보다 요한에게 훨씬 잘 어울리는 듯 보입니다. 그리스도가 고집 세고 믿지 않는 마음을 부드럽게 하려고 하셨다면, 그 기적의 능력보다는 그 교리의 능력을 보여 주시지 않았을까요? 하지만 이 증언이 요한을 위한 것이었다고 이해한다면, 우리는 이 기적이 얼마나 알맞고 적절한지, 메시아의 기적이 원망하는 요한을 어떻게 책망하는지 단박에 알 수 있습니다. 그리고 실제로 이렇게 이해할 때만 6절 말씀은 뚜렷한 의미를 지닙니다. "나로 말미암아 실족하지 아니하는 자(걸려 넘어지지 아니하는 자)는 복이 있도다." 이것은 요한이 거의 스스로 빠져든 바로 그 마음 상태였습니다. 그러니까 낙심한 요한에게 이 얼마나 알맞은 말이었습니까! '보라. 너희가 눈으로 보았으니 이제 가서 요한한테 고난 받는 메시아가 이룰 수 있는 모든 예언을 내가 이룬다고 전하여라. 내 승리하는 나라에 대한 예언, 내가 능력으로 다시 오리라는 예언은 아직 이루어지지 않았으니 걸려 넘어지지 않은 그들은 복이 있도다. 나의 십자가가 걸림돌이 아닌 자는 복이 있도다.'

끝으로, 구주께서 바로 뒤이어 요한의 성품을 훌륭하고 존경스럽게 옹호하시는 것도 이 의견을 확증합니다. 예수님은 구경꾼들이 틀림없이 요한이 보낸 이 소식을 그 성품의 흠으로 이해할 줄 아셨습니다. 이들이 말은 하지 않았지만, 어떻게 생각할 줄 아셨습니다. '이 사람은 우리한테 천국이 가까이 왔으니 회개하라고 한 사람 아닌가? 예수님에 대한 환상과 계시를 지녔다고 주장한 사람이 지금 그분을 메시아로 생각하는 데서 흔들리고 있다는 말인가?' 그리스도는 사람의 매정한 마음이 이런 모진 생각과 말을 마구 쏟아 낼 줄 아셨습니다. 그래서 요한이 흔들리는 사람도 아니고, 산들바람에 구부러지는 광야의 갈대도, 부드러운 자주색 옷을 입은 왕의 아첨꾼도 아님을 보여 주십니다. 오히려 선지자요, 선지자보다 더 나은 자요, 구약 선지자 가운데 마지막이며 가장 큰 선지자, 메시아를 소개하는 자임을 보여 주십니다. 그렇지만 그리스도의 승리하는 나라에서는 아무리 작은 자라도 요한보다 클 것이기에, 더 큰 영광과 권세의 때를 기대한 요한은 옳았습니다.

하지만 이 구절 전체에 대한 가장 완벽한 해석은 아마 제가 앞에서 꽤 길게 말한 두 의견을 합친 것이 아닐까 생각합니다. 그 제자들이 내보이고 되풀이한 의심들이 요한이 자기에게 그리스도의 신비가 벗겨지기를 조바심 낸 직접 원인이었을 것입니다. 따라서 구주께 보낸 소식은 제자들의 의심뿐 아니라 자신의 조바심도 걷어 내기 위한 것이었습니다.

적용

이 주제에 대한 위의 두 의견에서 배울 수 있는 수많은 교훈이 있겠지만, 두 번째 의견에서 주목할 만한 점 하나가 머릿속에 떠오릅니다. 곧, 그리스도가 우리에게 우리가 그분에게 기대하는 모든 것이 아닐지라도 우리가 그분을 있는 그대로 받아들이면 우리에게 복이 있다는 사실입니다. 요한은 그리스도가 구원자로 오셔서 자신의 옥문을 벌컥 열어 주시지 않자 실족할 뻔했습니다. 어떤 사람이 처음으로 구원에 진지한 관심을 갖게 되고, 그 눈길이 죄인의 구주이신 예수님을 향하게 될 때, 이 사람은 구주가 자기를 위해 하실 모든 일을 놓고 머릿속으로 여러 가지 생각을 할 것입니다. 하지만 이런 생각이 실제로 이루어지는 것은 보지 못할 것이고, 적어도 자기가 기대하는 때에는 못 볼 것입니다. 바로 이런 사람에게 구주는 말씀하십니다. "나로 말미암아 걸려 넘어지지 않는 사람은 복이 있도다." 여러분 중에 어떤 사람이 그리스도는 현재의 죄와 장래의 고난에서만 아니라, 현재의 고난에서도 건지시는 구주라고 생각한다면, 여러분은 고작 몇 달이 지나지 않아 고난이 말하자면 그리스도를 따르는 사람들의 일용할 양식이라는 사실을 보고 뼈아픈 일깨움을 얻을 것입니다. 그리스도인들은 이 세상의 온갖 고난에서 벗어나기는커녕 큰 제약을 거쳐 영생으로 들어갑니다. 여러분은 옥에 갇힌 요한처럼 이것을 원망하고 싶을지 모릅니다. 더구나 요한의 경우처럼 더는 쓸모 있는 삶을 살지 못하게 되고, 또 여러분의 손으로 여호와께서 기뻐하시는 뜻을 성취하고 있는 듯 보일 때 더욱 그러할 것입니다(사 53:10). 여러분은 '아니, 그리스도는 자신을 믿는 사람들을 이렇게 보호하시고 구원하신단 말인가? 악인은 잎이 우거진 나무같이 번성하고, 죽을 때도 고통이 없고 기운이 넘치고, 남들 같은 고난도, 재앙도 당하지 않고, 살이 쪄서 눈이 솟아나고, 소득은 속으로 바라는 것보다 많고, 경건하지 않아도 세상에서 잘되고, 재물은 더욱 불어나니, 내가 내 마음을 깨끗하게 하고 내 손을 씻어 죄 없다 한 것이 참으로 헛되다(시 37:35; 73:4-5, 7, 12-13 참고)'고 외칩니다. 괴로워하는 성도 여러분, 이런 생각이 떠오를 때, 그리스도의 말씀을 기억하십시오. '나로 말미암아 걸려 넘어지지 않는 자는 누구든지 복이 있도다. 나는 참으로 모든 고난에서 건지는 구주라. 그러나 내가 너희를 현재의 고난에서 구원하는 방법은, 모든 것이 합력하여 너희의 선을 이루게 함으로다(롬 8:28). 너희에게서 슬픔의 잔을 가져감으로가 아니라, 그 참 쓴맛을 없앰으로다. 네 이마에서 사이프러스 화관[4]을 가져감으로가 아니라, 그 가시를 모두 없앰으로다. 죽음을 덜 확실하고 덜 무서운 재앙으로 만듦으로가 아니라, 죽음이 쏘는 것과 무덤이 이기는 것을 없앰으로다(고전 15:55, KJV).' 하나님이 친히 눈에서 모든 눈물을 씻어 주시는 것은 하늘에서뿐입니다(계 7:17).

하지만 믿는 사람이 빠지는 훨씬 흔하고 해로운 잘못은, 우리가 그리스도께 참되게 나아갈 때, 이 세상에서마저 내재하는 죄에서 완전히 벗어나리라고 생각하는 것입니다. 그리스도는 죄인의 구주시니, 그리스도께 올바로 나아가는 사람은 틀림없이 진노에서만 아니라 죄에서도 구원받

---

4 죽은 사람에 대한 애도를 상징하는 나무.

을 것입니다. 깨어진 율법의 저주에서만 아니라, 내재하는 부패의 권세에서도 구원받을 것입니다. 그래서 복음의 값없는 은혜와 평강, 믿는 데서 오는 평강과 기쁨을 이제 막 맛본 참되고 진실한 신자는 "죄가 너희를 주장하지 못하리"(롬 6:14)라는 보배로운 약속을 이루어 주시기를 바라며 그리스도를 우러러봅니다. 이는 여러분이 이제 더는 하나님의 벌벌 떠는 원수로 정죄하는 율법 아래 있는 것이 아니라 은혜의 체제 아래 있어서 하나님께 붙드시고 새롭게 하시는 은혜를 구할 수 있기 때문입니다. 온 우주에 한 영혼이 처음 깨어나 그리스도 안에 있는 하나님의 자비와 복음이 즉각 주는 평강을 붙드는 것보다 아마 더 아름다운 도덕 풍경은 없을 것입니다. 이 영혼은 먼저 자기 마음속을 들여다봅니다. 거기서 오랫동안 자라온 죄에 대한 애착(이것은 아주 오래된 강처럼 마음속으로 깊은 물길을 냈습니다), 꼬박꼬박 돌아오는 정욕(이것은 바다의 밀물처럼 이제껏 저항할 수 없었고 압도하는 것이었습니다), 비뚤어진 기질과 성향(이것은 성장이 가로막힌 상수리나무의 옹이 많은 가지처럼 굽었고 **뻣뻣합니다**)을 봅니다. 그런 다음 믿음으로 이 끔찍한 모습에서 눈을 돌려 진노에서 구속하셨고, 그래서 죄에서 구속하실

(그리스도께서 이것을 보증하십니다) 그리스도를 바라봅니다. 이것은 산을 명하여 여기서 저기로 옮겨지라 하면 옮겨지는 믿음이요, 뽕나무더러 뿌리가 뽑혀 바다에 심기어라 하면 심기는 믿음입니다(마 17:20; 눅 17:6).

이런 마음을 가진 영혼이 이 모든 것에서 눈을 돌려 확신에 차고 생기 넘치는 눈빛으로, 구주의 다 이루신 사역과 약속하신 사역, 곧 흘린 피와 주시기로 약속하신 성령을 보는 것보다 더 아름다운 모습은 상상할 수 없습니다. 자, 하나님의 약속이 아무리 믿음직해도 우리가 이것을 너무 자신 있게 믿을 수는 없고, 또 영원한 형벌을 받는 사람들 중에 참으로 이렇게 너무 자신 있게 믿다가 받는 경우가 가장 많아서, 하나님이 선언하신 것은 무엇이나 믿음직하니 자신 있게 믿으라고 사람들을 설득할 수도 없습니다. 그러나 반드시 필요한 한 가지는, 이 선언이 무엇인가를 아는 건전한 이해가 우리의 확신을 이끌어야 한다는 것입니다. 그렇지 않으면 우리는 하나님이 실제로 약속하지 않으신 것을 믿게 될지 모릅니다. 따라서 우리가 가장 흔하게 볼 수 있는 모습은 무엇입니까? 오늘은 기뻐하는 신자로 정욕을 이기고 옛 사람을 이기는 오직 한 길로 그리스도의 십자가를 자랑하던 사람이 내일은 옥에 갇힌 요한처럼 절망과 좌절에 휩싸이는 것입니다. 저는 제가 그리스도께로 오면 세속성의 사슬에서 풀려나고, 제 옥문이 열리고, 하나님의 자녀 된 빛과 자유 가운데서 나아가리라고 생각했습니다. 그런데 보십시오! 저는 어렴풋이 자유를 맛보았지만, 결국 투옥의 고통을 더욱 느낄 뿐이었습니다. 잠깐 평화를 맛보았지만, 결국 적대감의 참된 쓴맛을 더욱 알 뿐이었습니다. 죄 사함을 알았지만, 결국 제 안에 있는 죄에 짓눌려 더욱 탄식할 뿐이었습니다. 구주는 이 모든 사람에게 말씀하십니다. '나로 말미암아 걸려 넘어지지 않는 자는 복이 있도다. 나는 그가 나에게 이루어 주기를 바라는 모든 것을 하루아침에 이루어 주지 않기 때문이라.' 사실 구주는 그 약속을 한 획도 어긴 적이 없으십니다. 그분의 약속은 죄가 믿는 사람을 절대로 주장하지 못하리라는 것이지, 죄가 믿는 사람 안에 고통스럽고 혐오스러운 손님으로 거하지 않으리라는 것이 아닙니다. 여러분이 지금 맛보는 좌절은 이 약속이 여러분 안에서 이루어졌고, 죄의 주장이 뿌리까지 흔들렸다는 증거 아닙니까? 정욕이 더는 가슴속에서 호락호락 왕 노릇 하지 못합니다. 속사람과 겉사람의 전쟁이 시작되었고, 이기시는 구주의 어깨에 메여 하늘로 들어갈 때까지 다시는 평화가 없을 것입니다. 그리스도의 약속은 몸이 무덤으로 들어가 썩고, 여러분의 영이 여러분의 하나님께 올라가 지금처럼 그리스도의 피 뿌림을 받고 모든 정죄에서 벗어나는 그때, 가장 높고 큰 의미에서 이루어질 것입니다. 여러분은 티나 주름 잡힌 것이나 이런 것들 없이 그리스도 앞에 세워질 것이기 때문입니다(엡 5:27).

그러나 여러분이 이 몸에 사는 동안은 날마다 내재하는 죄의 활동을 느끼는 것이 최선입니다. 그래야 동료들에게 뽐내거나 으스대지 않을 것입니다. 그래야 만나처럼 날마다 주시는 값없는 은혜만이 여러분을 다르게 한다는 것을 날마다 볼 것입니다. 그래야 날마다 괴로움에 몸부림치며 "오호라 나는 곤고한 사람이로다 이 사망의 몸에서 누가 나를 건져 내랴?"(롬 7:24)고 외치고, 날마다 여러분의 영혼에 이렇게 답할 것입니다. "예수 그리스도로 말미암아 하나님께 감사하리로다"(롬 7:25).

3
가버나움

3. 가버나움

예수께서 권능을 가장 많이 행하신 고을들이 회개하지 아니하므로 그때에 책망하시되 화 있을진저 고라신아 화 있을진저 벳새다야 너희에게 행한 모든 권능을 두로와 시돈에서 행하였더라면 그들이 벌써 베옷을 입고 재에 앉아 회개하였으리라 내가 너희에게 이르노니 심판 날에 두로와 시돈이 너희보다 견디기 쉬우리라 가버나움아 네가 하늘에까지 높아지겠느냐 음부에까지 낮아지리라 네게 행한 모든 권능을 소돔에서 행하였더라면 그 성이 오늘까지 있었으리라 내가 너희에게 이르노니 심판 날에 소돔 땅이 너보다 견디기 쉬우리라 하시니라(마 11:20-24).

갈릴리 호수 북서쪽 경계에 아름답고 작은 평지가 하나 있습니다. 오랜 옛날에는 이곳을 "게네사렛 땅"(마 14:34)이라고 했습니다. 이곳은 길이가 6킬로미터 정도 되고, 너비는 가장 넓은 부분이 3킬로미터 정도 되는 초승달 모양의 땅입니다. 이곳에는 산에서 힘차게 뻗어 내려오는 두 물줄기가 있고, 커다란 샘도 둘 있습니다. 그래서 물이 넉넉하고 아주 기름진 곳입니다. 오래전에 이 작은 평지에 고라신과 벳새다와 가버나움이라고 하는 세 고을이 있었습니다. 북쪽 모서리 바다 근처에 좋은 샘이 하나 있는데, 그 옆에 보면 갈대와 가시덤불로 반쯤 묻힌 폐허 더미가 있습니다. 사람들은 이것을 가버나움이 있었던 흔적으로 여기고 있습니다. 나머지 두 곳은 흔적조차 남지 않았고, 이 평지 어디쯤에 있었는지 아무도 모릅니다. 그런데도 예수님은 이 작은 평지에 있는 이 고을들에서 권능을 가장 많이 행하셨습니다. 하지만 이들이 회개하지 않자 이들에게 화를 선언하셨고, 이것은 조용하지만 말살하는 능력으로 내렸습니다. 두로와 시돈이 고라신과 벳새다보다 견디기 쉽습니다. 그리고 하늘에까지 높아진 가버나움은 음부에까지 낮아졌습니다. 형제 여러분, 말씀해 보십시오. 이 혜택 받은 땅에

임한 이 참혹한 멸망에서 경고의 목소리가 들리지 않습니까? 이것이 여러분과 저에게 경고하지 않습니까? 여러분도 가버나움처럼 혜택을 받았고, 회개하지 않으면 음부에까지 낮아질 것입니다.

1. 하늘에까지 높아진 가버나움

가버나움이 하늘에까지 높아졌다고 하신 까닭은 그리스도가 거기서 행하신 설교와 수많은 기적 때문이었습니다. 그리스도는 나사렛 사람들이 자기를 거절하고 낭떠러지에서 밀쳐 떨어뜨리려고 하자, 가버나움에 가서 사셨습니다(눅 4:29; 마 4:13). 갈릴리로 가실 때마다 가버나움에서 사셨던 모양입니다. 가버나움은 이 세상의 어떤 마을보다 더욱 그리스도의 고향이었습니다. 그래서 자꾸 "자기 동네"(마 9:1, 공동번역)라고 하는 것입니다. 그리스도는 다른 어떤 곳보다 이곳을 더욱 좋아하신 것 같습니다. ① 이곳에서 기적을 가장 많이 행하셨습니다. 여기서 백부장의 하인을 고쳐 주셨고(마 8:5-13), 야이로의 딸을 살려 주셨고, 혈루증으로 앓는 여자를 고쳐 주셨습니다(마 9:18-25). 또 사람들이 아픈 친구들을 데려와 자기 발 앞에 뉘이자, 이들을 모두 고쳐 주셨습니다. ② 여기서 설교하셨습니다. 예수님은 거의 모든 비유를 이곳에서 말씀하셨습니다. 씨 뿌리는 자의 비유와 뒤따르는 비유들을 가버나움 사람들이 듣는 데서 말씀하셨습니다. ③ 여기서 기도하셨습니다(막 1:35). 그래서 구원받기에 영광스러운 기회였습니다. 구원의 날이었습니다. 효력 있는 문이었습니다. 말하자면 이곳에 하늘 문이 활짝 열렸습니다. 하나님의 아들, 곧 세상의 구주가 이들 가운데 사셨고, 이들 가운데서 고치시고 설교하셨습니다. ④ 여기서 성령님이 내려오셨습니다. 영혼을 회심하게 하시는 분은 성령님이시기에, 성령님이 일하시지 않고는 심지어 그리스도의 설교도 영혼을 회심하게 하지 못합니다. 자, 우리는 갈릴리에서 그리스도의 설교가 헛되지 않았음을 압니다. 비록 많은 사람이 회심하지는 않았지만, 회심한 사람들이 있었습니다. 백부장은 예수님을 놀라게 한 큰 믿음을 어디서 얻었습니까(마 8:10)? 마침내 그리스도께 온 여자는 다른 모든 의사를 떠날 은혜를 어디서 얻었습니까(막 5:25-34)? 의심할 나위 없이 이 조용한 호수 둘레에 성령의 이슬이 자주 내렸습니다. 그리스도께서 아직 영광을 받지 않으셨기 때문에 성령이 충만히 계시지는 않았지만(요 7:39), 그리스도께서 틀림없이 자기 목숨을 대속물로 내놓으시리라는 사실에 기대어 성령의 이슬이 내렸습니다. 그리스도는 이른 새벽에 일어나 산으로 둘러싸인 깊은 골짜기에 가서 자주 성령의 단비를 맞으셨고, 저녁에 호수에 배를 띄우고 앉아 사람들을 가르치실 때 이것이 내려왔습니다. 저는 하늘 문이 열린 갈릴리 호숫가에서 이 설교를 듣고 거듭난 사람이 천국에 많다고 믿습니다. 가버나움은 이렇게 구주가 와 계시고 성령이 내려오심으로 하늘에까지 높아졌습니다.

마찬가지로 스코틀랜드도 하늘에까지 높아졌습니다.

1) 복음 설교로. 그리스도는 가버나움에처럼 이곳에 친히 와 계시지 않지만, 우리는 그리스도가 전하신 바로 그 말씀을 가지고 있습니다. 신실한 목사들은 그리스도에게서 나오며, 그리스도의 선물입니다. 그리스도께서 이들을 보내십니다. 이들은 어디를 가든지 그리스도의 이름으로 갑니다. 그러니까 이들이 사는 곳에 그리스도가 사신다고 할 수 있겠습니다. 1560년 이후로 스코틀랜드에는 신실한 목사가 모자란 적이 없습니다. 백 년 가까이 영적으로 죽어 있었지만, 그때조차 여기저기에 믿는 사람들이 남아 있

었습니다. 제 생각에, 이 도시는 그때 이후로 가장 안 좋을 때조차 신실한 목사가 모자라지 않았습니다. 던디는 하늘에까지 높아졌습니다. 그리스도께서 수가 성에 가셔서 그들 가운데 이틀밖에 머물지 않으셨지만, 이 성의 많은 사마리아인이 그리스도를 믿었습니다(요 4:39-40). 자비가 넘친 이틀의 방문이었습니다. 예수님은 수로보니게 지방에서 겨우 하루를 보내셨지만, 그날 수로보니게 여자의 영혼이 태어났습니다. 여러분은 셀 수 없이 많은 날을 이런 자비 가운데 보냈습니다. 그런데 이날들을 잘 활용한 사람은 얼마나 적습니까! 세계 지도를 들고 표시하다 보면, 복음이 전해진 곳이 얼마나 적은지 여러분은 보고 깜짝 놀랄 것입니다. 아시아의 거의 모든 지역이 마호메트의 악한 망상과 이교도들의 우상숭배에 빠져 있고, 아프리카는 마호메트와 마법에, 남미는 우상숭배와 천주교에 빠져 있습니다. 유럽도 거의 모든 지역이 천주교의 깜깜한 어둠으로 뒤덮여 있습니다. 아, 세상에서 가장 아름다운 지방들을 지나쳐 이 암울한 섬에 어떤 은혜가 왔습니까! 성경이 펼쳐졌고, 고요한 안식일이 찾아왔고, 복음이 전해졌습니다! 친구 여러분, 복음이 꾸준히 전해진다는 것이 얼마나 큰 은혜인지 여러분은 영원까지 모를 것입니다. 이것은 활짝 열린 하늘 문입니다.

2) 성령을 부으심으로. 우리는 가버나움보다 성령의 부으심을 더 많이 받았습니다. 저는 성령님이 세상의 어떤 나라에 이렇게 찾아오셨는지 모르겠습니다. 처음 주목할 만한 때는 1625-1630년입니다. 5년 동안 스코틀랜드에 하늘 문이 열려 있었습니다. 어빈과 스튜어턴에서 데이비드 딕슨David Dickson의 사역 아래 수백 사람이 그리스도께 인도를 받았습니다. 그리고 숏츠 교회에서 존 리빙스턴John Livingston의 사역 아래 하루에 오백 사람이 그리스도께 인도를 받았습니다. 두 번째 사랑의 때는 지금부터 딱 100년 전 킬시스와 캠버스랭에 하늘 문이 열린 1742년입니다. 스코틀랜드의 다른 20-30곳이 이 복을 함께 누렸습니다. 세 번째 사랑의 때는 물랑 교구와 몇몇 이웃 교구에 성령님이 놀랍게 찾아오신 1798년부터 1800년까지입니다. 마지막은 오늘날입니다. 하나님은 1839년부터 이곳에 하늘 문을 여시고, 더할 나위 없는 복을 부어 주셨습니다. 이 회중은 하늘에까지 높아졌습니다. 여러분은 다시없을 구원의 기회를 얻었습니다. 그리스도께서 여러분 가운데서 권능을

행하셨습니다. 죄인의 회심은 모두 겉으로 보이는 모든 기적을 다 합친 것보다 더 큰 기적입니다.

3) 여러분 마음에 부어진 성령으로. 의심할 나위 없이 이것은 가버나움에 있는 많은 사람에게 사실이었습니다. 성령님이 이들과 다투셨습니다. 하지만 이들은 성령님을 근심하게 했고, 그러자 성령님은 돌이켜 이들의 대적이 되사 친히 이들을 치셨습니다(사 63:10). 이것은 여러분 가운데 몇몇 사람에게도 사실이었습니다. 여러분에게 성령이 부어졌습니다. 성령님은 여러분의 죄를 깨우쳐 주셨고, 여러분이 죄 때문에 티끌 가운데 눕게 하셨고, 그리스도를 힐긋힐긋 바라보게 하셨습니다. 아, 이것은 구원받기에 놀라운 기회입니다! 누군가 하늘 문에 있었던 적이 있다면, 성령님이 다투시는 바로 그 사람입니다.

2. 회개하지 않은 가버나움(20절)

가버나움 사람들의 은밀한 역사를 알면 흥미로울 것입니다. 그리스도가 이들 가운데 오셨을 때, 이들은 흑암에 앉아 있었고, 사망의 땅과 그늘에 앉아 있었습니다(마 4:16). 이들 가운데 몇몇 사람은 건짐을 받고, 구속자의 왕관에

박힌 보석같이 되었지만(슥 9:16), 거의 모든 사람이 회개하지 않았습니다.

1) 어떤 이들은 들으러 가려고 하지 않았습니다. 이들은 이웃들에게서 어떤 큰 선지자가 마을에 살러 왔는데, 이때까지 이 사람처럼 말한 사람이 없고, 그 입에서 은혜로운 말이 나오는데, 위엄과 하늘의 능력과 거룩한 사랑으로 말하더라는 얘기를 들었습니다. 또 이 사람이 자기에게 오는 사람을 모두 고쳐 준다는 얘기도 들렸습니다. 백부장의 종이 나았고, 야이로의 딸과 신하의 아들이 살아났다는 것입니다. 이런 소문이 온 마을에 퍼졌습니다. 그런데 이웃들이 '가서 이 사람이 하는 말을 들어보지 않겠느냐'고 하자, 이들은 뒤도 안 돌아보고, 어떤 사람은 밭으로, 어떤 사람은 장사하러 가 버렸습니다(마 22:5). "나는 소 다섯 겨리를 샀으매 시험하러 가니 청컨대 나를 양해하도록 하라"(눅 14:19). 이들은 이렇게 회개하지 않았습니다. 예수님은 이들을 흑암 가운데서 찾으셨고, 흑암 가운데 그대로 두셨습니다.

2) 어떤 이들은 잠깐 왔습니다. 이들은 그리스도의 기적을 보고 놀랐습니다. 그리스도를 쫓아 이곳저곳 옮겨 다니기도 하고, 잔디밭에 앉아 그리스도가 주시는 떡을 먹기도

했습니다. 또 호숫가에 서서 그리스도의 설교를 듣고, 잠깐 이 설교에 사로잡힌 듯도 보였습니다. 그런데 그리스도가 자기 살을 먹고 자기 피를 마셔야 한다(한 사람 한 사람이 자기와 가까이해야 한다)고 재촉하시자, 이들은 "이 말씀은 어렵도다 누가 들을 수 있느냐?"(요 6:60) 하고는 떠나가 다시는 예수님과 함께 다니지 않았습니다. 이들은 회개하지 않았습니다.

3) 어떤 이들은 줄곧 그리스도를 따랐습니다. 이들은 무슨 일이 있어도 호숫가 설교를 놓치지 않으려고 했습니다. 그리스도가 배를 타고 건너편으로 가시면, 이들은 뛰어서 호숫가를 돌아가 숨을 헐떡이며 말씀을 들으려고 서 있었습니다. 그런데도 여전히 저주받을 죄 가운데 살았습니다. 말씀은 들었지만 행하지를 않았습니다. 이들은 회개하지 않았습니다. 이곳도 마찬가지입니다. 그리스도께서 지금 여기에 계셨다면, 이 나라를 호되게 나무라셨을 것입니다. 회개하지 않았기 때문입니다. 우리나라도 가버나움처럼 회개하기는커녕 점점 더 어두워지고 악해지고 있는 것이 틀림없습니다.

① 이곳에서 얼마나 많은 사람이 들으러 오려 하지 않고,

회개하지 않은 죄 가운데 그대로 살아갑니까! 하나님이 여기서 자비의 집을 여셨고, 문이 열렸습니다. 하나님은 이곳에서 수많은 일을 행하셨고, 수많은 영혼이 구원받았습니다. 예수님이 수많은 권능을 행하셨습니다. 그런데도 사람들은 도무지 오지 않았습니다. 사람들은 회개하지 않습니다. 술집은 여전히 많고, 이 악의 소굴은 줄어들 낌새가 보이지 않습니다. 토요일 밤과 안식일에 말다툼하는 사람들 수도 그대로입니다. 예수님이 여기 계셨더라면, 여러분을 호되게 나무라셨을 것입니다. ② 어떤 이들은 왔다가 기분이 상해 떠났습니다. 많은 사람이 잠깐 왔지만, 예수님과 가까이하라고 재촉하자 기분이 상했습니다. 오늘날은 마치 목사가 진리를 말해서는 안 될 판입니다. 돌려 말하거나 듣기 좋은 달콤한 말을 해서, 어떻게든 죄인들이 비위 상하지 않고 말씀을 삼킬 수 있게 해야 될 판입니다. 우리는 시커먼 것을 시커멓다고 해서는 안 되고, 쓴 것을 쓰다고 해서는 안 됩니다. 그렇지 않으면, 어떤 이들은 기분이 상할 것입니다. 이 모든 것이 여러분이 회개하지 않았음을 보여줍니다. ③ 어떤 이들은 많은 일을 했지만, 여전히 회개하지 않았습니다. 이들은 이 설교 저 설교 들으러 따라다니고, 호숫가에 선 군중처럼 말씀을 게걸스레 들이켰습니다. 여러분은 그리스도의 권능을 보고 놀랐습니다. 그런데 아직도 죄와 우상과 불법한 애착을 버리지 않았습니다. 여러분은 여전히 하늘나라에 들어가지 못할 탐하는 자요 우상 숭배자입니다(엡 5:5). 여러분은 회개하지 않습니다.

3. 음부에까지 낮아진 가버나움

이 도시들에 살던 사람들은 오래전에 죽었고, 지금은 그리스도의 화가 이들을 사로잡았습니다. 여러분은 그리스도의 복을 받거나 그리스도의 화를 받아야 합니다. 이 도시들은 다른 도시보다, 두로와 시돈보다, 소돔보다 더 깊이 가라앉아야 했습니다.

성경 전체는 지옥에서 받는 고통의 정도가 다를 것임을 보여 줍니다. 어떤 사람은 더 고통 받고, 어떤 사람은 덜 고통 받을 것입니다. 하지만 모두가 영원히 고통 받습니다. 이것은 하늘에서 누리는 복의 정도가 다른 것과 마찬가지입니다. 어떤 사람은 겨우 구원을 받고(벧전 4:18), 어떤 사람은 넉넉히 들어감을 얻고(벧후 1:11), 어떤 사람은 지극히 크고 영원한 영광의 중한 것을 받고(고후 4:17), 어떤 사람은 다섯 고을 권세를, 어떤 사람은 열 고을 권세를 차지합니다(눅 19:16-19). 모든 그릇이 영광과 기쁨으로 가득하지만, 더 큰 그릇이 있습니다. 마찬가지로 지옥에서 받는 고통도 정도가 다 다를 것입니다. "주인의 뜻을 알고도 준비하지 아니하고 그 뜻대로 행하지 아니한 종은 많이 맞을 것이요 알지 못하고 맞을 일을 행한 종은 적게 맞으리라"(눅 12:47-48). 복음의 빛을 거슬러 죄 지은 사람은 더 큰 저주를 받을 것입니다. 가버나움 사람들은 두로와 시돈과 소돔 사람들보다 호수로 더 깊이 가라앉았습니다. "심판 때에 두로와 시돈이 너희보다 견디기 쉬우리라"(눅 10:14). 이 사람들의 지옥도 한없이 끔찍하겠지만, 여러분의 지옥보다는 견디기 쉬울 것입니다.

1) 공의에 따라. 지옥이 반드시 있는 것은 공의를 충족하기 위함입니다. "여호와는 의로우사 의로운 일을 좋아하시나니"(시 11:7). 지옥이 있는 것이 공의라면, 공의는 더 큰 빛을 거슬러 죄 지은 사람들이 더 깊은 곳에 있어야 할 것을 요구합니다. 따라서 복음을 거스른 죄인들이 지옥으로 가는 것이 틀림없는 만큼, 이들은 가장 깊은 지옥으로 갈 것이 틀림없습니다.

2) 진리에 따라. 하나님이 그렇게 말씀하시기 때문에, 반드시 그럴 것입니다. 어떤 사람들은 지옥이 없고, 하나님이 너무너무 친절하고 자비하시다고 제멋대로 생각합니다. 그런데 이런 하나님이 참 하나님입니까? 참 하나님이라면, 지옥은 있고, 그 가장 깊은 곳은 복음을 거스른 죄인들 몫입니다.

3) 사물의 본질로 볼 때. 죄인의 영원 가운데 가장 쓰디쓴 부분 하나는 기억일 것입니다. 하나님 백성이 모세의 노래를 부를 때 그 기쁨이 커질 것처럼, 저주받은 자들은 하나님의 모든 친절하심과 자신의 모든 죄를 기억할 때 그 비참함이 커질 것입니다. 아, 제가 목회하는 내내 회심하지 않고 구원받지 않은 채로 살아온 여러분, 여러분은 어떤 기억을 지니게 될까요! 아, 여러분이 기억을 뽑아버릴 수만 있다면, 이 고요한 안식일에 대한 기억을 지워 버릴 수만 있다면 얼마나 좋겠습니까! 아, 하지만 그럴 수 없을 것입니다. "심판 날에 두로와 시돈이 너희보다 견디기 쉬우리라 가버나움아 네가 하늘에까지 높아지겠느냐 음부에까지 낮아지리라 네게 행한 모든 권능을 소돔에서 행하였더라면 그 성이 오늘까지 있었으리라"(마 11:22-23).

4

혼인 잔치

4. 혼인 잔치[5]

예수께서 다시 비유로 대답하여 이르시되 천국은 마치 자기 아들을 위하여 혼인 잔치를 베푼 어떤 임금과 같으니 그 종들을 보내어 그 청한 사람들을 혼인 잔치에 오라 하였더니 오기를 싫어하거늘 다시 다른 종들을 보내며 이르되 청한 사람들에게 이르기를 내가 오찬을 준비하되 나의 소와 살진 짐승을 잡고 모든 것을 갖추었으니 혼인 잔치에 오소서 하라 하였더니 그들이 돌아보지도 않고 한 사람은 자기 밭으로, 한 사람은 자기 사업하러 가고 그 남은 자들은 종들을 잡아 모욕하고 죽이니 임금이 노하여 군대를 보내어 그 살인한 자들을 진멸하고 그 동네를 불사르고 이에 종들

---

[5] 1836년 8월에 라버트Larbert에서, 1837년 4월에 두니페이스(Dunipace)에서, 던디에 있는 성 베드로 교회에서 한 설교.

에게 이르되 혼인 잔치는 준비되었으나 청한 사람들은 합당하지 아니하니 네거리 길에 가서 사람을 만나는 대로 혼인 잔치에 청하여 오라 한 대 종들이 길에 나가 악한 자나 선한 자나 만나는 대로 모두 데려오니 혼인 잔치에 손님들이 가득한지라 임금이 손님들을 보러 들어올새 거기서 예복을 입지 않은 한 사람을 보고 이르되 친구여 어찌하여 예복을 입지 않고 여기 들어왔느냐 하니 그가 아무 말도 못하거늘 임금이 사환들에게 말하되 그 손발을 묶어 바깥 어두운 데에 내던지라 거기서 슬피 울며 이를 갈게 되리라 하니라 청함을 받은 자는 많되 택함을 입은 자는 적으니라(마 22:1-14).

이 비유는 하나님이 먼저는 유대인에게, 그다음으로는 이방인에게 복음을 보내셨고, 이 둘이 서로 다르게 반응했다는 것을 간결하고 뚜렷하게 보여 줍니다. 이 비유의 여러 대목을 하나씩 살펴봅시다.

1. 모든 사람이 혼인 잔치에 초대를 받습니다

이 비유에서 배우는 첫 번째 교훈은, 하나님이 사람들을 줄곧 혼인과 혼인 잔치로 초대하고 계신다는 사실입니다. "천국은 마치 자기 아들을 위하여 혼인 잔치를 베푼 어떤 임금과 같으니 그 종들을 보내어 그 청한 사람들을 혼인 잔치에 오라 하였더니 오기를 싫어하거늘 다시 다른 종들을 보내며 이르되 청한 사람들에게 이르기를 내가 오찬을 준비하되 나의 소와 살진 짐승을 잡고 모든 것을 갖추었으니 혼인 잔치에 오소서 하라 하였더니." 이것은 구약의 모든 선지자와 사도에게, 하나님이 유대 민족 가운데 자신이 택하신 사람들에게 전하라 맡기신 바로 그 소식이었습니다. 이것은 또한 그리스도가 친히 가져오신 바로 그 소식이었습니다. 그리스도는 사람들의 목숨을 멸하러 오신 것이 아니라 구하러 오셨기 때문입니다(눅 9:56, KJV). 이 비유를 말씀하신 것도 그리스도였습니다. 그리고 이것은 지금 우리가 여러분에게 가지고 온 바로 그 소식입니다.

먼저, 여러분이 혼인식에 초대받고 있다는 사실을 눈여겨보십시오. 어느 시대나 사람은 헐벗고 가난한 빈털터리입니다. 아무런 의가 없을 뿐 아니라, 하나님 진노의 저주 아래 있어서 하나님 보시기에 한없이 죄악 되고 역겹습니다. 그런데도 임금의 아들이신 주 예수님은 늘 인자들을 기뻐하셨습니다(잠 8:31). 예수님은 자기를 낮추사 이들 가운데서 자기 신부로 맞을 사람들을 고르시고, 이들이 자기 있는 곳에 자기와 영원토록 함께 있어 자기 영광을 보고 함께 누리게 하십니다. 남편이 자기 아내의 빚을 모두 갚을 의무가 있듯이, 그리스도는 몸소 나무에 달려 자기 신부의 죄악을 모두 짊어지시기로 하셨습니다. 남편의 존귀와 공로가 모두 아내에게 돌아가듯이, 그리스도의 공로와 사랑스러움은 그 신부에게 입히는 옷이 될 것입니다.

그래서 그리스도는 자기와 하나 되게 하시려고 심부름꾼을 보내어 모든 죄인을 초대하십니다. 그리스도의 심부름꾼은 이렇게 말합니다. "딸이여 듣고 보고 귀를 기울일지어다 네 백성과 네 아버지의 집을 잊어버릴지어다"(시 45:10). 그리스도가 이들에게 입히려고 제안하시는 옷은 '금으로 수놓은 옷'(시 45:13-14)입니다. 친구 여러분, 오늘 우리의 간절한 바람은 여러분을 이 한 남편에게 시집보내서 여러분이 "그 몸과 살과 뼈의 지체"(엡 5:30, KJV 직역)가 되게 하는 것입니다. 아, 하나님의 아들이 아버지 품을 떠나, 보잘것없고 죄악 된 벌레, 곧 "흙집에 살며…하루살이 앞에서라도 무너질"(욥 4:19) 우리에게 이같이 친밀하고, 신비하고, 복된 연합을 제안하신다니, 이 얼마나 한없는 영광입니까! 아, 온 세상에 이보다 더 놀라운 일이 하나 있다면, 보잘것없는 하루살이 벌레와 같은 우리 중에 이런 말할 수 없는 은혜의 연합을 거절하는 사람이 있다는 사실입니다!

하지만 모두가 초대받는 것은 잔치입니다. "보라 내가 오찬을 준비하였으니." 어떤 혼인식이든 잔치가 있고, 여기서도 마찬가지입니다. 복음의 복은 사람들한테 줄곧 잔치로 제시되어 왔습니다. 솔로몬은 "지혜가 그의 집을 짓고 일곱 기둥을 다듬고 짐승을 잡으며 포도주를 혼합하여 상을 갖추고…이르기를 너는 와서 내 식물을 먹으며 내 혼합한 포도주를 마시…라 하느니라"(잠 9:1-6)고 하면서 복음의 복을 잔치로 제시했습니다.

이사야도 복음의 복을 잔치로 제시합니다. "만군의 여호와께서 이 산에서 만민을 위하여 기름진 것과 오래 저장하였던 포도주로 연회를 베푸시리니 곧 골수가 가득한 기름진 것과 오래 저장하였던 맑은 포도주로 하실 것이며"(사

25:6). 다른 장에서도 "오호라 너희 모든 목마른 자들아 물로 나아오라 돈 없는 자도 오라 너희는 와서 사 먹되 돈 없이, 값없이 와서 포도주와 젖을 사라 너희가 어찌하여 양식이 아닌 것을 위하여 은을 달아 주며 배부르게 하지 못할 것을 위하여 수고하느냐 내게 듣고 들을지어다 그리하면 너희가 좋은 것을 먹을 것이며 너희 자신들이 기름진 것으로 즐거움을 얻으리라"(사 55:1-2)고 하면서 모든 사람을 초대하고 있습니다. 그리스도께서도 "내게 오는 자는 결코 주리지 아니할 터이요 나를 믿는 자는 영원히 목마르지 아니하리라…내 살은 참된 양식이요 내 피는 참된 음료로다"(요 6:35, 55)고 하실 때, 복음의 복을 잔치로 제시하지 않으셨습니까? 또 구속의 복을 눈으로 보여 주려고 여러분에게 떡과 포도주를 내놓는 성만찬 때도, 그리스도는 복음의 복을 잔치로 제시하십니다.

아, 친구 여러분, 참으로 우리가 예수님을 잔치(기름진 것과 오래 저장하였던 맑은 포도주로 베푸는)로 제시하지 않았다면, 우리는 예수님을 전하는 데 아주 실패한 것입니다. 그리고 여러분도 우리가 여러분을 평강과 사랑의 잔치, 기쁨과 영생의 잔치가 아닌 다른 어떤 것으로 초대해 왔다고 생각한다면, 이제껏 들은 설교를 모두 아주 잘못 알아들은 것입니다. 참으로 우리에게 전하라 맡기신 소식은 진노가 아니라 사랑과 기쁨의 소식입니다. "청한 사람들에게 이르기를 내가 오찬을 준비하되 나의 소와 살진 짐승을 잡고 모든 것을 갖추었으니 혼인 잔치에 오소서 하라." 여러분, 이 말씀을 눈여겨보십시오. 우리가 초대하는 잔치는 여러분이 손수 먹을 것을 가져와서 여러분이 손수 차리는 잔치가 아니라, 준비되고 갖추어진 잔치입니다. "모든 것을 갖추었으니." 소와 살진 짐승을 잡아 놓고, 포도주를 따라 놓고, 입을 옷을 마련해 놓았습니다. 모든 것이 갖추어져 있습니다. 없는 것이 없습니다.

여러분의 모든 죄를 용서할 준비가 되어 있습니다. 하나님이 "번제할 숫양"을 마련하셨습니다. 여러분은 오기 전에 여러분의 죄를 없애기 위해 아무것도 가져오지 않아도 됩니다. 네! 죄용서는 잔치 음식 가운데 하나입니다. 어느 옛날 사람은 "착한 양심은 연이은 잔치다"고 했습니다. 맞습니다. 그런데 누가 착한 양심을 지녔습니까? "세상 죄를 지고 가는 하나님의 어린양"(요 1:29)을 먹고 마신 사람뿐입니다. 이 사람은 양심에 거리낌이 없습니다. 죄를 지은 적이 없어서가 아니라, 죄를 모두 사함 받았기 때문입니다.

의의 옷이 준비되어 있습니다. 그리스도는 모든 손님을 위해 예복을 마련해 놓으셨습니다. 이것은 이쪽 지역의 풍습이었습니다. 여러분은 여러분 스스로 들어갈 자격을 갖출 때까지 기다려 달라고 할 수 없습니다. 이 예복은 잔치의 한 부분이기 때문입니다. 모든 것이 갖추어져 있습니다. 혼인 잔치에 오십시오.

성령의 기름이 준비되어 있습니다. 손님들은 잔치 때마다 가장 값진 기름을 부음 받았습니다. 지금도 이쪽 지역에서는 손님 하나하나에게 값진 기름을 끼얹습니다. 마찬가지로 예수님은 아버지의 이 약속을 마련해 놓으셨습니다. 여러분은 여러분 스스로 마음을 바꿀 때까지 멈추어 달라고 할 수 없습니다. 이것은 잔치의 좋은 일들 가운데 하나이기 때문입니다. 모든 것이 갖추어져 있습니다. 혼인 잔치에 오십시오.

아, 친구 여러분, 여러분이 이 같은 초대에 따라 잔치를 가까이하지 않는다면, 그 까닭은 하나뿐입니다. 여러분이 너무 교만해서 여러분이 아무것도 준비할 것 없는 잔치에는 오지 않기 때문입니다. 여러분이 복음의 참된 잔치에 오지 않는다면, 성찬 때 절대로 이 잔치의 형상에 오지 마십시오. 심판을 먹고 마시지 않도록 말입니다. 여러분은 오늘 참된 잔치에 참석하기를 거부하면서도 다른 날 그 형상인 주님의 식탁에 앉아 여러분의 영혼을 조롱하고 하나님을 조롱하시겠습니까? 먼저 우리가 값없이 제안하는 참된 잔치를 받아들이십시오. 그런 다음에야 주님의 식탁에서 누가 여러분에게 떡과 포도주를 금하겠습니까?

2. 유대인들은 이 초대를 받고 어떻게 했습니까

이 비유에서 배우는 두 번째 교훈은, 유대인들이 이 소식을 어떻게 다루었는가 하는 것입니다(3-6절). 이들은 이 소식을 세 가지로 거절했습니다.

먼저, 이들은 오기를 싫어했습니다(3절). 이것은 어리석은 영혼들이 이 소식을 다룬 방식이었습니다. 이 소식은 이들의 마음에 닿은 적이 없어 보입니다. 아마 심부름꾼이 소식을 다 전하기도 전에 이들은 잠들었을 것입니다. 이들은 아무 까닭도 없이 그냥 오기를 싫어합니다. 아, 이런 사람이 우리 가운데 얼마나 많습니까! 성경 말씀이 자신들에게 전해진다는 것을 아직도 깨닫지 못한 어리석은 영혼들!

아, 얼마나 많은 사람이 그리스도의 심부름꾼이 하는 말을 듣기조차 싫어합니까! 이들은 초대를 들으려고 교회까지 오기를 싫어합니다.

얼마나 많은 사람이 성경을 곁에 두고도 읽지 않고, 혹 읽더라도 자신에게 하는 말씀으로 듣지 않습니까! 이들은 하나님의 집에 나오더라도, 습관 때문에 나오거나 나른한 안식일의 따분한 시간을 때우려고 나옵니다. 아, 자신의 어리석음을 사랑하고, 무지 가운데 살다가 죽는 불쌍하고 어리석은 영혼들이여! 여러분이 지옥에 떨어져 비로소 처음으로 깨어나 울부짖을 그때 여러분을 두고 할 수 있는 말은 이것뿐입니다. 곧, 예수님이 여러분을 몇 년이나 모으려고 하셨으나 여러분이 싫어했다는 것입니다.

거절하는 두 번째 부류의 사람들은 훨씬 머리 좋은 사람들입니다. 이들은 신앙을 훨씬 존중히 여깁니다. 말씀과 말씀을 전하는 목사에게 마음을 다해 진득하니 귀 기울이고, 잔치 묘사를 듣고 깨달으려고 애씁니다. 하지만 접시저울 한쪽에는 자기들이 듣는 모든 것을 놓고, 다른 한쪽에는 자기네 밭과 사업을 놓으며 이 소식을 가볍게 만듭니다. 이들은 가시밭과 같은 청중입니다(마 13:22). 아, 유대인들 중에 이런 사람이 얼마나 많았습니까! 또 여러분 중에는 얼마나 많습니까! 여러분 중에 얼마나 많은 사람이 자기 사업에만 온통 마음을 쓰고, 마음속 깊숙한 곳에서 우리에게 이렇게 말합니까! '그럴듯한 얘기로군요. 틈이 있으면 다시 부르지요(행 24:25)!'

롯이 자기 사위들한테 경고하려 할 때, 이들은 롯이 하는 말을 농담으로 여겼습니다(창 19:14). 마찬가지로 우리가 안식일마다 여기 서서 여러분을 초대할 때, 여러분은 우리를 할 일 없는 말쟁이로 생각합니다. 천사가 여러분과 같은 영들을 보면 울고도 남을 것입니다. 만일 구속받고 거룩하게 되었다면 보좌 앞 천사들보다 더 크게 기뻐했을 텐데, 자기 밭이나 사업밖에 생각할 줄 모르고 평생을 천박하게 살기 때문입니다.

거절하는 세 번째 부류의 사람들은 그 종들을 잡아 모욕한 사람들입니다(6절). 이런 사람들이 유대인들 사이에 큰 무리를 이루었는데, 얼마나 컸는지 그리스도는 이들을 보고 예루살렘이라 하셨습니다. "예루살렘아 예루살렘아 선지자들을 죽이고 네게 파송된 자들을 돌로 치는 자여"(마 23:37). 스데반은 이들에게 "너희 조상들이 선지자들 중의 누구를 박해하지 아니하였느냐?"(행 7:52)고 물었습니다. 우리는 또 자기 제자들에게 '너희도 이 같은 대접을 받으리라'고 경고하시는 그리스도를 보게 됩니다. "보라 내가 너희를 보냄이 양을 이리 가운데로 보냄과 같도다…또 너희가 내 이름으로 말미암아 모든 사람에게 미움을 받을 것이나"(마 10:16, 22). "너희가 세상에 속하였으면 세상이 자기의 것을 사랑할 것이나 너희는 세상에 속한 자가 아니요 도리어 내가 너희를 세상에서 택하였기 때문에 세상이 너희를 미워하느니라"(요 15:19).

참으로 이제껏 그래 왔고, 오늘날은 더욱 그렇습니다. 어디든 신실하고 경건한 목사가 있는 곳에는, 그가 전한 말씀 때문에 그를 싫어하고 헐뜯는 사람이 꼭 있다고 해도 지나친 말이 아닙니다. 그리스도의 열렬한 설교자가 갓 목회를 시작할 때, 이 사람은 자기 가슴속에 멸망하는 영혼에 대한 사랑 말고 다른 동기가 없음을 잘 알고 있습니다. 그래서 모두가 두 팔 벌려 자기를 환영할 수밖에 없다고 생각합니다.

아, 이 사람은 회심하지 않은 사람들이 주님을 어떻게 대했는지 더 깊이 들여다볼 필요가 있습니다. 주인보고도 바알세불이라 했는데, 하물며 그 종들이겠습니까? "제자가 그 선생 같고 종이 그 상전 같으면 족하도다"(마 10:25). 아, 참으로 한바탕 봄꿈은 빨리 깰수록 좋습니다. 내가 더 좋아하기 때문에 나를 더 싫어하는 사람이 많다는 사실은 빨리 알면 알수록 더욱 좋습니다.

친구 여러분, 여러분의 마음을 살피고 시험해 보십시오. 여러분이 혹 저의 솔직함에 진저리가 난다면, 저의 날카로움이 싫어 등 돌린다면, 집에 가는 길에 한번 생각해 보십시오. "그들이 새 술에 취하였다"(행 2:13)며 제자들을 조롱한 사람들과 여러분이 얼마나 닮았는지, 종들을 잡아서 모욕하고 죽인 사람들과 여러분의 마음이 얼마나 비슷한지.

3. 이방인들에게 복음을 보내십니다

이 비유에서 배우는 세 번째 교훈은 하나님이 믿지 않는 유대인들을 어떻게 다루셨는가, 또 복음의 말씀을 이방인들에게 어떻게 보내셨는가 하는 것입니다. 믿지 않는 유대인들에 대한 하나님의 심판을 잘 보십시오. 하나님이 노하여 자기 군대를 보내셨습니다. 예루살렘을 무너뜨린 것은 이방 사람 티투스 장군의 명령을 받든 이방 로마 군대였습니다. 그런데도 여기서 이들을 하나님의 군대라고 합니다.

이것은 하늘과 땅의 모든 권세가 하나님의 것이요, 하나님이 모든 나라의 주재이심을 보여 주지 않습니까? 이것은 또한 앗수르 사람과 그 군대가 하나님 손의 막대기요 도끼와 톱에 지나지 않았듯이(물론 그의 뜻은 이같지 아니하며 그의 마음의 생각도 이같지 아니하고 다만 그의 마음은 허다한 나라를 파괴하며 멸절하려 했지만, 사 10:5-7), 모든 군대가 하나님의 다스림을 받고, 전쟁과 기근과 질병, 모든 것이 하나님의 계획을 이룬다는 것을 보여 줍니다. "그의 손을 금하든지 혹시 이르기를 네가 무엇을 하느냐고 할 자가 아무도 없도다"(단 4:35).

아, 성도 여러분, 여러분은 왜 나쁜 소식을 두려워해야 합니까? 주님을 믿음으로 마음을 굳건하게 하십시오(시 112:7, 새번역). 만일 주님이 여러분을 위하시면 누가 여러분을 대적하겠습니까(롬 8:31)? 우리와 함께하는 사람이 그들과 함께하는 사람보다 많습니다(왕하 6:16). 오기 싫어서 오지 않은 유대인들처럼 그리스도의 초대를 외면하는 여러분, 이 초대를 가벼이 여기고 자기 밭과 사업을 더 좋아하는 여러분, 그리스도의 종들이 여러분을 더 좋아하기 때문에 이들 모두를 더 싫어하고 마음속으로 모욕하는 여러 분, 조심하십시오.

아, 하나님은 바뀌지 않는 하나님이시라는 것을 잊지 마십시오! 하나님은 원칙의 하나님이시지, 우리와 대등한 위치에 계신 분이 아니십니다! 하나님은 본성의 세계에서와 마찬가지로 은혜의 세계에서도 확고하고 확실한 원칙에 따라 행하십니다! 그렇다면 유대인도 아끼지 않으신 하나님이 여러분은 아끼시리라고 생각하십니까? 유대인의 도시도 태워 없애신 하나님이 여러분의 도시는 가만 두실까요? 예루살렘이 아직도 이방인의 발에 짓밟힌 채로 있고, 크게 혜택 받은 나라가 지금 세계 모든 나라에서 나그네와 떠돌이가 되어 놀림과 비웃음과 저주를 받듯이, 여러분도 이 소식을 끈질기게 외면한다면 틀림없이 영원한 비참 가운데서 떠돌이와 떨꺼둥이가 될 것입니다.

그리고 이제 9-10절에서 하나님이 이방인들에게 이 소식을 어떻게 보내시는지 잘 보십시오. 이 거절이 있기 전에 제자들은 이스라엘 집의 잃어버린 양에게만 가야 했습니다. 그런데 이제 "온 천하에 다니…라"(막 16:15)고 말씀하십니다. 그래서 우리는 집집마다 다니며, 가슴 가슴마다 이 소식을 전합니다. 이 부르심의 결과는 그리스도가 나타내시는 것과 같습니다. 우리는 악한 자나 선한 자나 만나는 족족 모두 데려옵니다. 가라지 비유는 고백하는 교회 안에 악한 사람과 선한 사람이 뒤섞여 있다는 것을 똑똑히 보여 줍니다. 그물 비유도 마찬가지입니다. 마지막 날에 갈라질 것입니다. 이 세 비유는 이 세상에 '신실한 자들의 순수한 교제'라는 것은 있을 수 없다는 것을 가르쳐 주는 듯 보입니다.

더러운 사람들이 들어갈 수 없는 모임과 잔치는 하나밖에 없습니다. 곧, 그 이름이 하늘에 기록된 장자들의 모임과 교회입니다(히 12:23). 그렇다면 잊지 마십시오. 그리스도인들과 함께 주님의 만찬에 참여한다는 것이 여러분이 그리스도인인지 아닌지 알아볼 수 있는 확실한 시금석은 아니라는 것을. 악한 사람들과 선한 사람들이 주님의 식탁에 함께 앉아 있을 것입니다. 여러분이 참된 그리스도인이라는 참된 시금석은 피, 옷, 평강, 성령의 증언밖에 없습니다.

4. 다가오는 심판

하지만 저는 이 비유에서 가르치는 네 번째이자 마지막 교훈을 서둘러 보겠습니다. 갈라지는 날, 다가오는 심판 날이 있습니다. "임금이 손님들을 보러 들어올새 거기서 예복을 입지 않은 한 사람을 보고 이르되 친구여 어찌하여 예복을 입지 않고 여기 들어왔느냐 하니 그가 아무 말도 못하거늘 임금이 사환들에게 말하되 그 손발을 묶어 바깥 어두운 데에 내던지라 거기서 슬피 울며 이를 갈게 되리라 하니라 청함을 받은 자는 많되 택함을 입은 자는 적으니라."

여기서 우리는 회심하지 않은 사람들이 이 땅에서 아무리 경건한 사람들과 뒤섞여 있어도, 심판 날에는 곧바로 들통 나리라는 사실을 배웁니다. 이 세상에서 가라지와 곡식은 한 가정에서, 한 교회에서 함께 자랍니다. 좋은 물고기와 나쁜 물고기가 한 그물에 잡혀 함께 물가로 끌려 나옵니다. 아니, 예수님의 의로 옷 입은 사람들과 자기 의라는 더러운 옷을 입은 사람들이 한 복음 잔치에, 주님의 식탁에 함께 앉아 있습니다.

경건한 목사가 아무리 경고하고 애쓰고 권한다고 해도, 회심하지 않은 사람들은 여전히 그리스도께 오지 않은 채로 주님의 식탁에 나올 것입니다. 우리 교회에서 악한 사람과 선한 사람은 추수 때까지 함께 자랍니다. 하지만 딱 그때까지입니다! 임금, 곧 임금들의 임금이시요, 모든 사람의 마음을 살피시며, 등불을 켜 들고 예루살렘을 뒤지시는 분이 손님들을 보러 오십니다(대상 28:9; 습 1:12, 새번역).

그분의 성도들은 모두 아브라함과 이삭과 야곱과 함께 앉은 훌륭한 동료들로, 모두 흠 없는 흰옷을 입고 있습니다. 하얀 세마포 옷은 성도들의 의이기 때문입니다. 이들 스스로는 헐벗고 더럽고, 임금 앞에 있을 아무런 자격도 없습니다. 이들이 행한 가장 선한 의도 더러운 옷과 같았습니다(사 64:6).

그런데 이들은 "모든 것을 갖추었다"는 소식을 듣고, 아무것도 없이 와서, 그리스도의 흰옷, 곧 하나님의 의를 입었습니다. 천사들 것보다 더 어여쁜 옷이었습니다. 이들은 그리스도의 말씀에 순종했습니다. "예루살렘이여 네 아름다운 옷을 입을지어다"(사 52:1).

아, 하지만 그날 그리스도 없는 영혼의 헐벗음과 더러움은 얼마나 클까요! 이 땅에서는 줄곧 체면을 지키고, 세상에 파묻혀 살고, 규례를 기다리고, 성례에 참여하니까, 아마 티가 나지 않았을 것입니다. 하지만 심판 날에 모두가 하나님의 의로 옷 입고 있는 구속받은 자들 한가운데서, 이들의 헐벗음과 볼품없음, 더러움과 오염됨은 얼마나 커 보일까요! 아름다운 뜰을 기어가는 못생긴 두꺼비처럼, 거룩한 천사들 대열에 낀 사탄처럼, 그리스도 없는 영혼은 그날 한눈에 드러나 "친구여 어찌하여 예복을 입지 않고 여기 들어왔느냐?"는 끔찍한 말을 들을 것입니다. 아, 친구 여러분, 여러분의 이웃들 사이에서 괜찮은 신앙인으로 인정받기는 쉽습니다. 목사를 속이고, 세상을 속이기는 쉽습니다. 하나님의 백성들 틈바구니에 끼여 이들과 함께 같은 성례에 참여하기는 쉽습니다. 그런데 여러분이 속일 수 없는 분이 계십니다. 잔치 때에 여러분이 하나님의 의, 곧 그리스도의 예복을 입었는지 안 입었는지 한눈에 알아보는 한 분이 계십니다.

뒤이어 있을 성찬식에서 오직 믿는 사람만이 초대받은 이 잔치에, 여러분이 감히 이 예복을 입지 않고 이 예복에 아무런 관심도 없이 앉아 있다면, 물론 여기서는 하나님이 여러분을 제지하지 않으시고 가만히 놔두시겠지만, 임금이 여러분에게 "친구여 어찌하여 예복을 입지 않고 여기 들어왔느냐?"고 말할 그날이 가까이 오고 있습니다. 참으로 여러분 가운데 많은 사람에게 문 앞까지 가까이 왔습니다.

그리스도 없는 모든 영혼이 스스로를 정죄하리라는 사실을 배우십시오. "그가 아무 말도 못하거늘." 친구 여러분, 여러분도 그럴 것입니다. 오늘 제 앞에 있는 그리스도 없는 영혼들 가운데 자신의 지금 모습에 대해 온갖 핑계를 댈 준비가 되지 않은 영혼은 아마 하나도 없을 것입니다. 아니, 저는 감히 말합니다. 주님의 식탁에 앉을 그리스도 없는 영혼들 가운데 자신의 지각없고 분별없는 신성모독을 변명하지 않을 영혼은 하나도 없을 것입니다. 하지만 그날에는 아무 말도 못할 것입니다. 여러분 스스로를 정죄할 것입니다. 여러분이 아무 말도 못할 그때 여러분의 얼굴이 얼마나 붉게 달아오를지 생각해 보십시오.

고집 세고 교만한 여러분, 여러분이 어떻게 잠재워지고 입 다물게 될지 생각해 보십시오. 그리고 여러분이 받는 정죄 가운데 가장 고통스러운 부분은 여러분이 여러분 스스로를 정죄해야 한다는 사실 아닐까요? 여러분이 이 정죄가 부당하다고 소리쳐 말할 수만 있다면, 조금이나마 위안이 될 것입니다. 그러나 이것이 마땅한 정죄라고 느끼는 것, 이것이 바로 지옥 속의 지옥입니다!

바깥 어두운 곳이 이런 영혼의 집이 되리라는 사실을 배우십시오. 이 사람은 잔치의 찬란함과 기쁨을 누리려고 했습니다. 그런데 보십시오. 바깥 어두운 데로 쫓겨났고, 이전의 빛 때문에 훨씬 어둡게 되었습니다! 예복을 입지 않은 채로 지금 주님의 식탁에 앉아 있고, 장차 하늘에서도 앉아 있으리라 생각하는 여러분, 여러분의 변화가 얼마나 음울할까요! 아, 어둠을 사랑하는 여러분, 이 바깥 어둠이 여러분이 받을 분깃이라는 것이 얼마나 마땅합니까!

끝으로, 청함을 받은 사람은 많지만 택함을 입은 사람은 적다는 사실을 기억하십시오. 우리가 회심하지 않은 사람에게 말할 때 우리는 많은 사람에게 말하는 것입니다. 여러분은 오늘 모두 청함을 받고, 모든 것이 갖추어져 있습니다. 여러분은 많은 수에 드십니까, 적은 수에 드십니까? 아, 여러분 가운데 거의 모든 사람이 귀 기울이지 않고, 돌이키지 않고, 자기 "밭"으로 가고, 자기 "사업"하러 갔다가, 마침내 보좌 앞에 섰을 때 아무 말도 못할 거라니, 생각만 해도 너무 슬픕니다.

아, 그러나 주님이 그 마음을 만지신 예복을 입은 적은 무리여, 사랑의 잔치에 온 것을 환영합니다! 이 잔치를 여러분의 아버지가 베푸시는 사랑의 증표로 받아들이십시오. 그러면 모든 좋은 것에 결코 모자람이 없을 것입니다. "적은 무리여 무서워 말라 너희 아버지께서 그 나라를 너희에게 주시기를 기뻐하시느니라"(눅 12:32). 아멘.

5
열 처녀 비유(1)

5. 열 처녀 비유(1)[6]

그때에 천국은 마치 등을 들고 신랑을 맞으러 나간 열 처녀와 같다 하리니 그중의 다섯은 미련하고 다섯은 슬기 있는 자라 미련한 자들은 등을 가지되 기름을 가지지 아니하고 슬기 있는 자들은 그릇에 기름을 담아 등과 함께 가져갔더니 신랑이 더디 오므로 다 졸며 잘새 밤중에 소리가 나되 보라 신랑이로다 맞으러 나오라 하매 이에 그 처녀들이 다 일어나 등을 준비할새 미련한 자들이 슬기 있는 자들에게 이르되 우리 등불이 꺼져 가니 너희 기름을 좀 나눠 달라 하거늘 슬기 있는 자들이 대답하여 이르되 우리와 너희가 쓰기에 다 부족할까 하노니 차라리 파는 자들에게 가서 너희 쓸 것을 사라 하니 그들이 사러 간 사이에 신랑이 오므로 준비

---

6 1841년 12월 18일, 던디에 있는 성 베드로 교회에서 한 강의.

하였던 자들은 함께 혼인 잔치에 들어가고 문은 닫힌지라 그 후에 남은 처녀들이 와서 이르되 주여 주여 우리에게 열어 주소서 대답하여 이르되 진실로 너희에게 이르노니 내가 너희를 알지 못하노라 하였느니라 그런즉 깨어 있으라 너희는 그날과 그때를 알지 못하느니라(마 25:1-13).

성경 전체에서 이 비유 말고 여기 모인 여러분에게 더 잘 들어맞는 비유는 없습니다. 여러분도 열 처녀와 같이 모두 두 갈래로 나뉠 수 있습니다. 제가 믿기로 여러분 중에 어떤 사람은 슬기롭고, 안타깝게도 어떤 사람은 미련합니다. 이 처녀들처럼, 여러분도 모두 신앙을 아주 많이 고백합니다. 그런데 어떤 사람에게는 성령의 은사가 있고, 어떤 사람에게는 없습니다. 여러분이 갈라질 날이 빠르게 다가오고 있습니다. 여러분 가운데서 정말로 구원받은 사람은 그리스도와 함께 들어갈 테고, 나머지 사람은 영원토록 들어가지 못할 것입니다. 저는 지금 세 가지 사실만을 따라갈 수 있습니다.

1. 하나님의 자녀는 슬기롭고, 나머지 사람은 미련합니다

여러분 중에 하나님의 자녀는 참으로 지혜롭습니다.

첫째, 이것은 세상의 지혜가 아닙니다. 성경은 이 사실을 부인합니다. "형제들아 너희를 부르심을 보라 육체를 따라 지혜로운 자가 많지 아니하며 능한 자가 많지 아니하며 문벌 좋은 자가 많지 아니하도다 그러나 하나님께서 세상의 미련한 것들을 택하사 지혜 있는 자들을 부끄럽게 하려 하시고"(고전 1:26-27). "이 세상 지혜는 하나님께 어리석은 것이니"(고전 3:19). "천지의 주재이신 아버지여 이것을 지혜롭고 슬기 있는 자들에게는 숨기시고 어린아이들에게는 나타내심을 감사하나이다"(마 11:25). "어린아이들과 젖먹이들의 입으로 권능을 세우심이여"(시 8:2). 깊고 심오한 지성을 가진 사람 중에 적은 사람만이 구원을 받습니다. 하나님은 배우고, 세상일에 밝고, 흥정을 잘하는 사람들을 곧잘 지나치십니다. 그리고 세상이라고는 아무것도 모르는 어린아이나 쟁기질하는 농부 몇 사람을 데려다가 영광으로 이끄십니다. 왜 그렇게 하십니까? 아무도 자기가 잘나서 구원받는다고 자랑하지 못하게 하시려는 것입니다.

둘째, 그래도 하나님의 자녀는 지혜롭습니다. 이 세상에서 유일하게 지혜롭습니다.

1) 하나님의 자녀는 사물을 있는 그대로 보기 때문입니다. 여러분이 그저 신앙고백만 하는 사람이라면, 사물을 있는 그대로 못 봅니다.

① 시간: 여러분은 시간을 있는 그대로 못 봅니다. 시간은 영원의 문턱입니다. 여러분은 시간이 얼마나 짧은지 못 봅니다. 70년도 눈 깜짝할 사이입니다. 여러분은 시간이 얼마나 빨리 지나가는지 못 봅니다. 시간은 쾌속선같이, 먹잇감을 낚아채러 가는 독수리같이 지나갑니다. 여러분은 시간을 되돌릴 수 없고, 순간순간이 하나님께 돌이킬 수 있는 유일한 시간이기에 소중하다는 것을 못 봅니다. 여러분이 시간을 있는 그대로 봤다면, 그저 경건한 척만 하며 시간을 낭비할 수 없었을 것입니다. 그리스도의 사람들은 시간을 있는 그대로 봅니다.

② 여러분 자신: 여러분은 여러분의 참모습을 그대로 못 봅니다. 여러분은 본질상 진노의 자녀라는 것이 무엇인지 본 적이 없습니다. 여러분의 영혼에 쌓인 끔찍한 죄 더미를 본 적이 없습니다. 여러분의 영혼을 옭아매는 정욕, 여

러분의 가슴속에서 끓어오르는 깊은 정욕의 화산을 본 적이 없습니다. 그리스도의 사람들은 이것을 어느 정도 있는 그대로 봅니다.

③ 하나님의 호의: 여러분은 하나님의 호의를 못 봅니다. 하나님의 호의가 얼마나 소중한지 본 적이 없습니다. 여러분은 사람이 베푸는 호의의 가치를 알고, 그래서 가식의 탈을 쓰기도 합니다. 하지만 하나님이 베푸시는 호의의 가치는 모릅니다. 알았다면, 그리스도께로 날아갔을 것입니다. 그리스도의 사람들은 이것을 있는 그대로 압니다.

2) 하나님의 자녀는 지식에 만족하지 않기 때문입니다. 위선자들은 언제나 자기 지식에 만족합니다. 여러분은 이들에게 어떤 새로운 것도 말해 줄 수 없습니다. 이들은 안다고 말합니다. 이들에게 죄와 그리스도와 다가올 심판을 이야기해 보십시오. 이들은 자신들이 가진 지식이 그리스도를 의지하게 하고, 기도하게 하고, 죄를 버리게 한 적이 없는데도, 이 지식 때문에 구원받으리라고 생각합니다. 하지만 그리스도의 사람들은 이것에 만족하지 않습니다. 여러분은 그리스도를 알고 그리스도에 대해 말할 뿐 아니라, 그리스도가 말씀하시는 것을 행합니다. 여러분은 우상에

게서 돌아섰습니다. 여러분만이 지혜롭습니다.

3) 하나님의 자녀는 영원을 위해 살기 때문입니다. 위선자들은 시간을 위해서만 삽니다. 유다에게도 이것이 삶의 전부였습니다. 유다는 잠깐 참된 제자 행세를 하고, 잠시 겉치레하고, 자기 정욕을 마음껏 채우면서도, 믿는 사람으로, 참된 사도로 존경받을 수만 있으면, 그것으로 그만이었습니다. 그래서 끝까지 겉치레하려고 애썼습니다. 마찬가지로 이 세상을 사랑한 데마도 형제로 여겨지기 위해 바울을 속이려고 했습니다. 아, 여러분 중에 이렇게 미련한 사람이 얼마나 많습니까! 자기가 적극 죄를 지으며 살고 있고, 얼마 못 가 세상에 들통 날 것을 알면서도, 잠깐 그리스도인의 겉모습만 지키려고 살다니요! 죽음이 눈앞에 이를 때 바랄 것처럼, 영원을 위해 사는 사람만이 참으로 지혜로운 사람입니다.

4) 하나님의 자녀는 하나님을 닮기 때문입니다. 하나님만이 지혜로우십니다. 하나님만이 신성한 지혜의 원천이십니다. 하나님은 빛이시고, 그 안에 어둠이 조금도 없으십니다(요일 1:5). 하나님을 닮는다는 말은 참으로 지혜롭게 된다는 말입니다. 여러분 중에 그리스도께로 피한 사람

들은 조금씩 하나님을 닮아 갑니다. 여러분은 하나님의 영을 받았고, 하나님의 형상으로 바뀌어 갑니다. 여러분은 하나님과 한뜻을 품고 있고, 하나님이 이 세상에서 하시려는 일에 찬성합니다. 하나님의 기쁨이 여러분의 기쁨입니다. 하지만 신앙고백만 하는 사람들은 하나님을 닮은 모습이 아예 없습니다. 이들은 하나님 닮기를 구하지도, 바라지도 않습니다.

2. 슬기로운 사람과 미련한 사람은 여러모로 비슷합니다

이 처녀들은 여러모로 비슷했습니다. 사람들 눈에는 다 같아 보였습니다. 모두 처녀였습니다. 모두 흰옷을 입었을 테고, 얼굴도 다들 곱고 예뻤을 것입니다. 열 처녀는 저마다 은으로 된 빛나고 번쩍이는 등을 가져왔습니다. 등도 모두 켜져 있었습니다. 아니, 이들은 모두 같은 뜻을 품은 듯 보였습니다. 모두가 신랑을 만나러 나왔습니다. 다른 점이라고는 하나뿐이었습니다. 미련한 처녀는 등이 있었지만 기름을 가져오지 않았고, 슬기로운 처녀는 등과 함께 그릇에 기름을 담아 왔습니다. 오늘날도 신앙고백만 하는 사람과 하나님의 자녀 사이에서 같은 모습을 볼 수 있습니다.

사람은 여러 면에서 다른 점을 볼 수 없습니다.

1) 여러분은 같은 규례를 즐거워합니다. ① 여러분은 같은 목사 아래, 같은 자리에 앉아 있습니다. 여러분은 무리지어 함께 하나님의 집에 나옵니다. ② 여러분은 같은 시편을 노래합니다. 여러분의 목소리가 한데 어우러집니다. 하나님 말고는 아무도 지혜로운 처녀와 위선자의 목소리를 구분할 수 없습니다. ③ 여러분은 서서 같은 기도를 드립니다. 겉으로는 다들 똑같이 경건해 보입니다. ④ 여러분은 같은 설교를 듣습니다. 때때로 여러분은 함께 감동을 받을 것입니다. 여러분 가운데 공감의 물결이 넘쳐흐르고, 이것이 누구에게서 쉬 사라지는 이슬 같은지 누구에게서 성령의 이슬인지, 본성에서 나오는 공감인지 은혜에서 나오는 공감인지 아무도 모릅니다. ⑤ 여러분은 같은 주님의 식탁에 앉아 있습니다. 손에서 손으로 빵을 건네고, 이 사람에게서 저 사람에게로 잔을 건넵니다. 아, 여러분 중에 많은 사람이 미련한 처녀일 뿐이라서, 여러분이 영원에서 서로 갈라질 거라니요! 생각만 해도 너무 가슴이 아픕니다.

2) 여러분은 같은 말을 합니다. 하나님의 자녀는 "가나안 말"(사 19:18, 새번역)을 합니다. 그런데 신앙고백만 하는

사람들도 이 말을 배워서 흉내 내고, 결국 아무도 다른 점을 찾지 못합니다. 신앙고백만 하는 사람들도 죄를 깨닫고, 각성하고, 빛을 얻고, 그리스도를 찾고, 그리스도와 가까이 하고, 평안을 찾는 일들을 말합니다. 그러면서도 내내 마음으로 하나님을 멀리하고, 하나님보다 쾌락을 더 사랑합니다. 아, 불못에는 그리스도와 거듭남과 성령에 대해 밤낮 이야기한 많은 사람의 혀를 축일 물이 한 방울도 없을 거라니요! 생각만 해도 너무 슬픕니다.

3) 여러분은 같은 기도를 합니다. 하나님의 자녀 된 커다란 표지 하나는 기도입니다. 하나님의 자녀는 기도를 좋아합니다. "그가 기도하는 중이니라"(행 9:11). 그런데 살았다 하는 이름을 가졌으나 죽은 신앙고백자들은 이것마저 흉내 냅니다. 이들은 아무도 없는 데서 자주 녹아내릴 듯한 감정으로 기도할 것이고, 사람들 앞에서 자주 큰 열정과 정념으로 기도할 것입니다. 그런데도 내내 죄 가운데 살고, 스스로도 이 사실을 압니다. 아, 여러분 중에 그 기도 소리가 자주 들렸던 많은 사람이 "주여 주여 우리에게 열어 주소서"(11절) 외치고, 산과 바위에게 하나님과 어린 양의 진노에서 우리를 가려 달라고 외칠지 모른다니요(계

6:16)! 너무 슬픕니다.

  4) 여러분은 겉으로 같은 행동을 합니다. 하나님의 자녀 된 가장 참된 표지는 죄를 피하는 것입니다. 하나님의 자녀는 옛 친구와 옛길을 피하고, 하나님과 동행합니다. 그런데 미련한 처녀들은 이것마저 흉내 냅니다. 이들은 주님을 맞으러 밖으로 나옵니다. 잠깐 옛 죄를 피하고, 하던 일을 그만두고 서둘러 하나님의 집으로 가고, 하나님 자녀와 사귀려고 합니다. 다른 사람을 구원하려 애쓸 테고, 여기서 큰 열정을 보일 것입니다. 아, 지금 경건한 자들에게 달라붙은 많은 사람이 이내 이들에게서 찢겨 귀신들과 악인들에게 매일 거라니요! 너무 슬픕니다.

3. 다른 점이 있습니다. 미련한 처녀들은 그릇에 기름이 없습니다

성령님은 신앙고백만 하는 사람들과 자주 다투십니다. 노아 때 성령님은 사람들이 죄를 버리고 방주로 들어가게 하려고 오랫동안 애쓰셨습니다(창 6:3).[7] 광야의 이스라엘과

---

[7] 창 6장 3절에 보면, "나의 영이 영원히 사람과 함께하지 아니하리니"라고 되어 있는데, 여기서 '함께하다'를 킹제임스판은 '다투다'(strive with)로 옮기고 있다. 저자는 이 말씀을 성령님이 우리를 구원하시려고 '우리와 실랑이하신다' 또는 '우리를 위해 애쓰신다'는 정도의 뜻으로 해석하는 듯 보인다.

도 마찬가지셨습니다. "그들이 반역하여 주의 성령을 근심하게 하였으므로"(사 63:10). 스데반 때도 그러셨습니다. "너희도 너희 조상과 같이 항상 성령을 거스르는도다"(행 7:51). 성령님은 성경과 목회에서, 긍휼과 고난으로, 여러분과 씨름하는 사람처럼 여러분과 다투십니다. 여러분이 죄를 끊고 그리스도께 피하게 하려고 애쓰십니다. 여러분 중에 거의 모두가 성령님의 이런 애쓰심을 느꼈습니다. 그런데,

1) 신앙고백만 하는 사람들은 성령님의 가르치심을 받지 않습니다. 구원받는 사람은 모두 성령님의 가르치심을 받습니다. "그들이 다 하나님의 가르치심을 받으리라"(요 6:45). 이것이 없으면, 아무도 그리스도께 나아가지 못할 것입니다. 영혼이 죽어 있기 때문입니다. 성령님은 우리의 잃어버린 상태를 가르쳐 주시고, 그런 다음 그리스도를 영화롭게 하십니다.

2) 이들 안에 성령님이 계시지 않습니다. 성령님은 그리스도께 나아가는 모든 사람 안에 계십니다(요 7:37-39).

첫째, 인으로 계십니다. "그 안에서 또한 믿어 약속의 성령으로 인 치심을 받았으니"(엡 1:13). 마음은 밀랍이고, 성

령님은 인이며, 그리스도의 형상은 자국입니다. 성령님은 마음을 부드럽게 하시고 인을 치십니다. 하지만 이것은 다른 인들과 같지 않습니다. 성령님은 이 인을 거두지 않으시고, 거기에 그대로 지키십니다.

둘째, 증인으로 계십니다. "성령이 친히 우리의 영과 더불어 우리가 하나님의 자녀인 것을 증언하시나니"(롬 8:16). 우리 안에서 아빠 아버지라고 부르짖는 양자의 영은 증언하시는 성령이십니다. 영혼은 자녀의 자리로 받아들여질 때, 자녀의 자유를 쓸 수 있습니다.

셋째, 보증으로 계십니다. "보증으로 우리 마음에 성령을 주셨느니라"(고후 1:22). 이것은 온전한 상급의 작은 한 움큼을 말합니다. 마음속에 계신 성령님은 작은 천국입니다. 평강과 기쁨, 거룩한 호흡, 겸손, 하늘의 교제가 모두 시작되었습니다. 아, 친구 여러분, 속지 마십시오. 저한테 누구누구 목사의 설교를 듣는다고 하지 마십시오. 죄를 깨닫게 되었다거나 기도할 때 자유가 있다거나 하지 마십시오. 그런데 여러분은 달라지셨나요? 새 마음을 얻으셨습니까? 천국이 시작되었나요? 등과 함께 그릇에 기름이 있습니까?

6
열 처녀 비유(2)

6. 열 처녀 비유(2)

> 신랑이 더디 오므로 다 졸며 잘새(마 25:5).

이 비유보다 더 엄숙하고 더 각성하게 하는 비유는 없습니다. 저는 지난 강의에서 다음의 사실들을 보여 드렸습니다. 첫째, 하나님의 자녀는 참으로 슬기롭고, 신앙고백만 하는 사람은 참으로 미련하다는 것입니다. 하나님의 자녀만이 사물을 있는 그대로 보고, 영원을 위해 살고, 하나님의 마음을 품습니다. 둘째, 슬기로운 처녀와 미련한 처녀는 아주 여러모로 비슷해 보인다는 사실입니다. 같은 규례를 지키고, 같은 말투를 쓰고, 같은 기도를 하고, 겉으로 같은 행동을 합니다. 셋째, 다른 점은 성령이라는 것입니다.

오늘은 이것을 생각해 보겠습니다.

1. 더디 오는 신랑

예수님은 마지막 만찬을 나누시던 밤에 제자들과 인상 깊은 대화를 나누시며 이렇게 말씀하셨습니다. "조금 있으면 너희가 나를 보지 못하겠고 또 조금 있으면 나를 보리라…내가 아버지께로 감이라"(요 16:16-17). 또 요한은 예수님이 이렇게 말씀하시는 것을 들었습니다. "보라 내가 도둑같이 오리니 누구든지 깨어 자기 옷을 지켜 벌거벗고 다니지 아니하며 자기의 부끄러움을 보이지 아니하는 자는 복이 있도다"(계 16:15). 예수님의 마지막 말씀, 곧 큰 기쁨에 사로잡힌 요한의 귀에 가장 천국의 음악 같았던 말씀은 이것이었습니다. "보라 내가 속히 오리니…내가 진실로 속히 오리라"(계 22:12, 20). 많은 초기 그리스도인이 그때 예수님이 오시리라고 생각한 모양입니다. 그래서 바울은 로마 가톨릭의 큰 배교가 먼저 있어야 한다고 경고하지 않을 수 없었습니다(살후 2:3). 베드로 때도 사람들은 "주께서 강림하신다는 약속이 어디 있느냐?"(벧후 3:4)며 조롱하곤 했습니다. 그 뒤로 몇 세기가 흘렀지만, 예수님은 아직도 오시지 않았습니다. 이것은 "신랑이 더디 온다"는 말씀을 설명해 줍니다. 물론 예수님은 오고 싶어 하십니다. "그가 나를 사모하는구나"(아 7:10). 이 혼인 날은 예수님이 마음 깊이 기뻐하시는 날이 될 것입니다. 또 그리스도를 사랑하는 사람들도 그리스도의 나타나심을 사랑합니다. 이들은 요한과 같이 외칩니다. "아멘 주 예수여 오시옵소서"(계 22:20). 그런데도 예수님은 여전히 오기를 미루십니다. 왜 그렇습니까?

1) 아무도 멸망하지 않기를 바라서. "주의 약속은 어떤 이들이 더디다고 생각하는 것같이 더딘 것이 아니라 오직 주께서는 너희를 대하여 오래 참으사 아무도 멸망하지 아니하고 다 회개하기에 이르기를 원하시느니라"(벧후 3:9). 이것이 그리스도가 더디 오시는 까닭입니다. 그분은 노하기를 더디 하십니다. 저는 가끔씩 아주 역겹고 노골스러운 악행을 볼 때면, 가슴이 부들부들 떨립니다. 그러면 저는 주께서 이 모든 것, 곧 온 세계에서 저질러지는 온갖 악행을 어떻게 보실까 생각합니다. 주님은 그래도 참으십니다. 아, 이 얼마나 너그럽고 오래 참는 긍휼입니까! 이것이 주께서 더디 오시는 까닭입니다. 주님은 가장 사악한 자들도 불쌍히 여기십니다. 그래서 오시기 전에 오래 기다리시는

것입니다.

　2) 택하신 자들의 수를 채우시려고. 그리스도는 바로 지금 이방인들 중에서 사람들을 모으고 계십니다. 돌 위에 돌을 쌓아 여호와의 큰 전을 짓고 계십니다. 그리스도는 이 일을 마치실 때까지 오실 수 없습니다. 이 일을 다 마쳐야 오셔서 머릿돌을 놓으실 것입니다. 그때 사람들은 외칠 것입니다. "은총, 은총이 그에게 있을지어다"(슥 4:7). 그리스도는 바울에게 이 성중에 내 백성이 많으니 고린도에 남아 말씀을 전하라고 하셨습니다(행 18:9-10). 같은 이유로 목사에게도 남아서 전하라고 하십니다. 아직도 자신의 백성이 많기 때문입니다. 그리스도가 오실 때, 준비된 사람들은 그리스도와 함께 혼인 잔치에 들어갈 테고, 문은 닫힐 것입니다. 의심할 나위 없이 택함 받은 많은 사람, 곧 창세전에 아버지께서 아들에게 주신 많은 사람이 아직도 육신 가운데 잠자고 있습니다. 예수님은 이들이 모일 때까지 기다리십니다. 그리고 택하신 마지막 사람까지 다 모이고 나면 오실 것입니다.

　3) 자기 백성에게 있는 은혜를 시험하시려고. 하나님의 백성이 받는 은혜 중에는 고난의 때에만 자랄 수 있는 은

혜가 많습니다. 뜰에는 더 잘 자라게 하려고 발로 밟는 식물이 있습니다. 하나님의 자녀가 받는 많은 은혜가 그렇습니다. 이런 은혜는 시련을 받으면 더 잘 자랍니다.

① 하나님의 말씀을 믿음. 세상은 "주께서 강림하신다는 약속이 어디 있느냐…만물이 처음 창조될 때와 같이 그냥 있다"(벧후 3:4)고 말합니다. 눈에 보이는 모든 것이 주께서 오신다는 약속을 반대합니다. 여러분은 보이지 않는 세계를 꿰뚫어볼 수 있습니까? 이것이 기대되는 바입니다. "우리가 주목하는 것은 보이는 것이 아니요 보이지 않는 것이니"(고후 4:18). 자, 이것이 신랑이 더디 오시는 한 가지 까닭입니다. 곧, 믿음이 자라게 하시려는 것입니다.

② 대적들을 견딤. 예수님이 당장 오셔서 우리 대적들에게 원수를 갚아 주신다면, 우리는 상처를 용서하거나 예수님의 이름 때문에 받는 비난을 견딜 기회가 없을 것입니다. 우리는 그리스도의 죽으심을 본받아야 합니다. 그래서 우리에게 오래 참으시는 것입니다.

③ 영혼들을 불쌍히 여김. 이것은 그리스도의 성품 가운데 가장 두드러진 특징이었습니다. 이 성품 때문에 영광의 보좌에서 내려오셨고, 감람산에서 눈물을 흘리셨습니다.

여기서도 그리스도와 같이 되는 것이 우리의 의무입니다. 하지만 우리가 그리스도를 닮을 수 있는 시간은 지금뿐입니다. 예수님이 오셔서 원수들을 발로 밟으실 때는, "만국의 왕이시여 주의 길이 의롭고 참되시도다"(계 15:3)고 외칠 것입니다. 예수님이 더디 오신다고 놀라지 마십시오.

2. 다 졸며 자는 처녀들

이 말씀은 해석이 여러 갈래로 갈려 왔습니다. 저는 가장 단순한 해석, 곧 그리스도가 오시기 전에 모든 기독교회가 깊은 잠에 빠지리라는 해석이 참이라고 믿습니다. 성경은 위선자뿐 아니라 참된 신자도 잠든다는 사실을 보여 줍니다. 그래서 우리는 사도들이 변화산에서, 또 겟세마네에서 잠든 것을 봅니다. 바울도 로마 성도들에게 자다가 깰 때가 벌써 되었다고 외칩니다(롬 13:11).

1) 그리스도인은 어떻게 잠듭니까

① 눈이 감기기 시작합니다. 죄인이 처음 그리스도께 인도받을 때, 눈이 뜨입니다. 그래서 시간이 눈 깜짝할 만큼 짧고, 세상이 덧없고, 모든 것이 헛되고, 죄가 극도로 죄악되다는 것을 보게 됩니다. 죄인은 죄가 귀신들처럼 자신을

아주 에워싸고 있음을 보게 되고, 자신이 지옥에서 벗어났다는 사실에 놀랍니다. 그런 다음 모든 아름다움과 충만함과 영광 가운데 계시는 그리스도를 보게 됩니다. 그러나 잠든 사람에게는 이제 이 모든 것이 흐릿해지기 시작합니다. 눈에 보이던 것이 모두 가려집니다. 영혼은 시간이 짧고, 세상이 부질없고, 죄가 추악하다는 것을 더는 못 보고, 그리스도의 영광도 더는 못 봅니다.

② 귀는 그리스도가 두드리시는 소리를 듣지 못합니다. 한때 귀는 그리스도의 목소리를 들었습니다. 수많은 목소리 가운데 그리스도의 목소리는 달콤하고 강력했습니다. 이제 영혼은 듣고도 못 들은 척합니다. "내가 옷을 벗었으니 어찌 다시 입겠으며 내가 발을 씻었으니 어찌 다시 더럽히랴"(아 5:3)?

③ 잠자는 사람은 꿈을 꿉니다. 마찬가지로 영혼은 우상, 곧 헛된 망상과 어울리기 시작합니다. 처음 일깨움을 받을 때, 영혼은 "내가 다시 우상과 무슨 상관이 있으리요?"(호 14:8) 했습니다. 그런데 이제 하나님의 일과 그리스도가 눈앞에서 사라지자, 다시 헛된 우상과 어울리기 시작합니다. 이렇게 해서 먼저, 기도가 죽습니다. 믿는 영혼에

게 기도는 얼마나 달콤합니까! 보좌에 놀랍도록 가까이 가고, 마음을 쏟아 놓습니다. 떨어져 있지도 않고, 가로막는 것도 없습니다. 그런데 이제 영혼이 바짝 메말라, 아무것도 바라는 것이 없고, 보좌 앞에 선뜻 나아가지도 않습니다. 다음으로, 영이 무서워합니다(롬 8:15). 이제 죄책감이 양심을 사로잡습니다. 하나님을 거슬렀다는 사실에 깜짝 놀라 마음이 얼어붙습니다. 종의 영을 받습니다. 끝으로, 죄를 무서워하지 않습니다. 한때는 죄를 보고 달콤하고도 떨리는 두려움을 느꼈습니다. 요셉처럼 죄가 들어올 틈을 주지 않았습니다. "내가 어찌 이 큰 악을 행하여 하나님께 죄를 지으리이까"(창 39:9)? 그런데 이제 무서울 정도로 죄에 익숙해집니다.

2) 위선자는 어떻게 잠듭니까

① 죄에 대한 깨달음을 모두 잃어버립니다. 한때 성령님은 이들의 죄를 깊고 뚜렷하게 깨우쳐 주셨습니다. 그런데 이제 이것을 잃어버립니다. 이들은 대놓고 죄를 짓고, 죄에 대한 깨달음을 삼켜 버립니다. 성령을 소멸합니다.

② 하나님의 일을 더는 기뻐하지 않습니다. 돌밭과 같은 마음을 가진 청중은 말씀을 기쁨(스치는 기쁨)으로 받습

니다. 말씀에 대한 무언가(웅변술이나 생생한 묘사)가 이들의 입맛을 사로잡습니다. 이들은 회심했다는 소망으로 우쭐해하며, 듣는 데서 큰 기쁨을 느낍니다. 이것은 이내 사그라듭니다.

③ 기도를 그만둡니다. 이들은 오랫동안 마음이 녹아내릴 듯이 기도했습니다. 죄를 깨닫고, 조명을 받고, 거짓 소망을 품은 채로, 또는 다른 사람들 앞에서 막힘없이 기도했습니다. 그런데 이제 차츰 기도를 그만둡니다. "다 졸며 잘새"(5절). 이들은 사람들 곁을 떠나거나, 졸거나, 기도에 흥미를 잃습니다. 그래서 차츰 기도를 그만둡니다.

이 둘 사이에는 커다란 차이가 있습니다. 경건한 사람은 아직 그릇에 기름이 있지만, 위선자는 없습니다. 저는 경건한 사람들이 계속 잠자기를 부추기려는 것이 아닙니다. 오히려 자다가 깰 때입니다. 그렇지만 저는 둘의 잠이 얼마나 다른지 말하지 않을 수 없습니다. ① 경건한 사람은 잠에서 깰 것입니다. 이것은 아주 죄악 되고 위험한 상태이지만, 목숨을 위협하지는 않습니다. 위선자는 잠에서 거의 깬 적이 없습니다. 세상에서 가장 보기 드문 회심이 고집 센 위선자의 회심입니다. ② 경건한 사람은 하나님이 기뻐하시지 않는 상태에 있지만, 하나님의 저주 아래 있지는 않습니다. 그러나 위선자는 지옥을 코앞에 두고 잠을 잡니다.

3. 신랑이 옴

1) 시간: 그리스도는 밤중에 느닷없이 오실 것입니다. 성경 전체가 이 사실을 보여 줍니다. "그날과 그때는 아무도 모르나니 하늘의 천사들도, 아들도 모르고 오직 아버지만 아시느니라"(마 24:36). "그런즉 깨어 있으라 너희는 그날과 그때를 알지 못하느니라"(마 25:13). 성경은 그리스도의 오심을 번개에 빗댑니다. "번개가 동편에서 나서 서편까지 번쩍임같이 인자의 임함도 그러하리라"(마 24:27). 번개보다 훨씬 갑작스럽습니다! 먼저 아주 고요한 하늘에 새까만 먹구름이 낍니다. 그런 다음 밝은 불빛이 동쪽에서 서쪽으로 번쩍입니다. 그리스도의 오심도 그러할 것입니다. 그리스도의 오심은 아이를 밴 여인에게 닥치는 진통과도 같습니다. "그들이 평안하다 안전하다 할 그때에 임신한 여자에게 해산의 고통이 이름과 같이 멸망이 갑자기 그들에게 이르리니 결코 피하지 못하리라"(살전 5:3). 그리스도의 오심은 또한 도둑과 같습니다. "주의 날이 밤에 도둑같이 이를

줄을 너희 자신이 자세히 알기 때문이라"(살전 5:2). 두 가지 면에서 그렇습니다. ① 그 시간이 확실하지 않기 때문입니다. 도둑이 집에 들려 할 때, 언제 가겠다고 말해 주지 않습니다. 간다는 신호를 주지 않습니다. 집주인이 도둑이 언제 올 줄 알았다면, 깨어 있어 집을 뚫지 못하게 했을 것입니다(마 24:43). 신랑이 오시는 것도 그러할 것입니다. "너희는 그날과 그때를 알지 못하느니라"(마 25:13). ② 도둑은 잘 때 옵니다. 가족이 모두 잠자리에 들고, 가장이 문을 걸어 잠그고, 불이 다 꺼지고, 모두가 눈감고 잘 때, 도둑이 와서 강제로 문을 따고 안으로 들어옵니다. 구주가 오시는 것도 이와 마찬가지일 것입니다. 예수님은 세상이 깊이 잠잘 때 오실 것입니다.

어떤 사람은 '우리는 예수님이 오시는 때를 틀림없이 어느 정도 가늠할 수 있을 거예요' 할 것입니다. 자, 무엇보다 더 뚜렷한 사실은 여러분이 그날도, 그때도 모른다는 것입니다. "생각하지 않은 때에 인자가 오리라"(마 24:44). 제가 여러분 모두에게 찾아가 오늘밤 인자가 오실 것 같으냐고 물으면, 여러분은 모두 아니라고 답할 것입니다. 자, 바로 그럴 때 인자가 오실 것입니다.

회심하지 않은 분들에게 드리는 말씀

1) 여러분 중에 어떤 사람은 정직하지 않게 살아갑니다. 물건을 사고팔 때, 무게나 저울눈을 속이거나 다른 방법으로 이웃들을 속일 것입니다. 아, 그리스도께서 오셔서 여러분이 이렇게 하는 것을 보신다면, 얼마나 끔찍할까요! 성경은 그리스도가 오실 때 사고파는 사람들이 있을 것이라고 말합니다.

2) 어떤 사람은 어둠의 일을 하며 살아갑니다. 여러분은 혹 "흑암이 반드시 나를 덮으리라"(시 139:11)고 할지 모릅니다. "내가 내 집 들창으로, 살창으로 내다보다가 어리석은 자 중에, 젊은이 가운데에 한 지혜 없는 자를 보았노라 그가 거리를 지나 음녀의 골목 모퉁이로 가까이 하여 그의 집 쪽으로 가는데 저물 때, 황혼 때, 깊은 밤 흑암 중에라"(잠 7:6-9). 여러분 중에 어떤 사람은 입에 담기조차 부끄러운 일을 저지릅니다. 그리스도의 거룩하신 얼굴이 나타날 때, 이 얼마나 끔찍할 일일까요!

3) 여러분 중에 어떤 사람은 죄에 대한 깨달음을 억누릅니다. 여러분은 아그립바처럼 그리스도인으로 거의 설득을 당하고, 또 벨릭스처럼 두려워하면서 "지금은 가라 내

가 틈이 있으면 너를 부르리라"(행 24:25)고 합니다. 어떤 사람은 사소한 재미와 쾌락에 빠져 죄에 대한 깨달음을 미루면서, 아직 죽을 날이 한참 남았다고 말합니다. 아, 밤중에 소리가 나면 어쩌시겠습니까? 그때는 기도할 시간도, 성경을 읽을 시간도, 회심할 시간도 없습니다. "밤중에 소리가 나되."

7
열 처녀 비유(3)

7. 열 처녀 비유(3)

> 밤중에 소리가 나되 보라 신랑이로다 맞으러 나오라 하매 이에 그 처녀들이 다 일어나 등을 준비할새 미련한 자들이 슬기 있는 자들에게 이르되 우리 등불이 꺼져 가니 너희 기름을 좀 나눠 달라 하거늘 슬기 있는 자들이 대답하여 이르되 우리와 너희가 쓰기에 다 부족할까 하노니 차라리 파는 자들에게 가서 너희 쓸 것을 사라 하니(마 25:6-9).

이 밤중에 나는 소리에는 무언가 달콤함이 있습니다. "보라 신랑이로다"(6절)! 이날은 하나님의 자녀에게조차 무시무시한 날이 될 것입니다. 먼저, 갑작스러운 변화는 모두 무시무시합니다. 많은 사람이 뜻밖의 기쁜 소식을 듣고 놀라서 죽었습니다. 그렇다면 "보라 신랑이로다!"는 소리는 얼마나 소스라치게 기쁠까요! 그때 우리는 우리의 수고와 근심이 다 지나가고, 죄가 더는 세상에서 왕 노릇 하지 못한다는 이야기를 들을 것이기 때문입니다. 둘째, 우리의 불경건한 친구는 무시무시한 운명을 맞이할 것입니다. 우리 모두에게는 우리가 회심을 위해 기도하는 불경건한 친구가 있습니다. "보라 신랑이로다!"는 소리가 날 때, 이 소리는 그 영혼의 곡소리가 될 것입니다. 그러나 이 모든 일에도, 그날은 기쁜 날일 것입니다. 마태복음 24장 32절에서는 그날을 여름에 빗대고 있습니다. 그날은 영혼의 여름이 될 것이고, 겨울은 지나갈 것입니다. "내 이름을 경외하는 너희에게는 공의로운 해가 떠올라서 치료하는 광선을 비추리니"(말 4:2). "그는 돋는 해의 아침 빛 같고 구름 없는 아침 같고"(삼하 23:4). "그는 벤 풀 위에 내리는 비같이 땅을 적시는 소낙비같이 내리리니"(시 72:6). 그러나 무엇보다 "보라, 신랑이로다!"는 소리는 택함 받은 자들의 축 처진 마음을 소생시킬 것입니다. 이 소리는 그리스도께서 우리를 자기 것으로 택하신 때, 곧 "너는…나와 함께 지내고…다른 남자를 따르지 말라"(호 3:3)고 하시며 우리에게 구애

하시던 그 사랑의 때를 떠올려 줄 것입니다. 우리를 사랑하시고, 위하여 죽으시고, 다시 와서 우리를 받아 주리라고 약속하신 분이 오십니다! "보라, 신랑이로다!" 아, 사랑하는 친구 여러분, 생각해 보십시오. 그날이 여러분에게 기쁜 시간이 될지 슬픈 시간이 될지. 경솔한 죄인이여, 그대는 그때 어떻게 될까요?

1. 드러남: 위선자의 등은 결국 꺼지고 맙니다

마른 심지는 흔히 잠깐 큰 불꽃을 내며 타오릅니다. 마찬가지로 위선자들도 흔히 자신의 신앙고백을 끝까지 지킵니다. 이것은 자주 눈부시고 뚜렷합니다. 많은 것이 위선자들을 깨울 수 있었습니다.

1) 설교 중에 이들의 처지가 묘사됩니다. 목사는 자주 하나님의 지도를 받아 이들의 처지를 정확히 이야기합니다. 말씀이 자주 이들의 양심에 아주 가까이 갑니다. 우리는 '저 사람은 틀림없이 말씀을 집에 가져갈 거야' 하고 말합니다. 그런데 아닙니다. 어떻게든 말씀을 흘리고 갑니다.

2) 다른 사람이 회심하는 것을 봅니다. 위선자는 자주 자기 옆에 있는 사람들이 구원받고 달라지는 것을 봅니다.

이들이 죄를 깨닫고, 티끌 가운데 눕고, 예수님께 인도받고, 기쁨이 넘치고, 새로운 삶을 살고, 세상을 이기는 것을 봅니다. 이것이 위선자의 눈을 열어, 그의 변화가 거짓되고 헛됨을 보여 줄 수 있었을 것입니다.

3) 다른 사람이 죽는 것을 봅니다. 다른 사람의 죽음을 보는 것은 위선자들을 진지하게 하는 일임이 틀림없습니다. 죽음은 마음을 살피시는 분 앞으로 영혼을 부르기 때문에, 모든 가면을 벗깁니다. 죄를 깨달은 척하고, 은혜 받은 척하고, 경건한 척 말하는 것은 이제 소용없을 것입니다. 저는 다른 사람의 죽음을 보는 위선자들을 보고, '이제 틀림없이 돌이키겠지' 하고 자주 생각했습니다. 그런데 아닙니다. 이들은 끝까지 속이기 일쑤입니다. ① 이들은 살았다 하는 이름을 가졌고, 이것을 잃고 싶어 하지 않습니다. 신앙을 고백했고, 거기서 물러서고 싶어 하지 않습니다. 이들은 목사들의 기쁨과 만족이 되었고, 경건한 사람들의 존중을 받았습니다. 그래서 이것을 한꺼번에 포기하고 싶어 하지 않습니다. 마찬가지로 유다는 오랫동안 참 제자로 존중받았고, 자신의 신앙고백을 끝까지 지켰습니다. ② 이들은 착각에 잘 빠집니다. 이들은 내면의 빛과 지

식을 어느 정도 지니고 있는데, 이것을 은혜로 잘못 알고 있습니다. 이들에게는 또 경건의 모양이 있습니다. 이들은 은밀히 기도하고, 가정에서 기도합니다. 이렇게 해서 다른 사람은 말할 것도 없고 자신까지 속입니다. 하지만 그리스도가 오실 때 이들의 등은 꺼질 것입니다. "우리의 등불이 꺼졌으니"(마 25:8, KJV 직역). 불꽃 하나, 불씨 하나 남지 않습니다. 그 까닭은 무엇입니까?

1) 마음속에 은혜가 없기 때문입니다. 이들의 등은 기름이 없어서 꺼졌습니다. 마른 심지가 흔히 큰 불꽃을 내며 타오르듯이, 이들의 등은 잠깐 타올랐습니다. 하지만 이내 불길이 약해지고, 기름이 없어서 꺼집니다. 이것이 위선자들의 상태입니다. 이들의 마음속에는 은혜의 기름샘이 없습니다. 하나님의 영이 자주 이들에게 임하시지만, 이들 안에 계시지는 않습니다. 발람이 그랬습니다. 발람은 눈이 열려, 하나님의 백성이 지닌 많은 기쁨을 보았고, 의인의 죽음을 죽기 원했지만(민 23:10), 등에 기름이 없어서 등이 꺼졌습니다. 사울도 마찬가지였습니다. 하나님이 사울에게 새 마음을 주셨고, 하나님의 영이 사울에게 임했지만(삼상 10:9-10), 사울도 등에 기름이 없었고, 그리스도께 매

달릴 힘을 주는 성령의 은혜로운 내재가 없었습니다. 그래서 사울의 등도 꺼졌습니다. 장마철에는 흔히 들에 물이 고여 큰 웅덩이가 생깁니다. 여기에는 샘이나 근원이 없습니다. 처음에 이 물웅덩이는 크고 깊어 보이지만, 여름이 오면 물이 바싹 말라 사라지고 맙니다. 이 회중 안에 있는 위선자들도 마찬가지입니다. 여러분 중에 많은 사람이 발람과 사울처럼 성령의 부으심을 받았습니다. 눈이 열렸습니다. 그래서 죄를 깊이 깨닫게 되었고, 여러분의 상태를 놀랍게 보게 되었고, 하나님의 일들과 그리스도를 간절히 사모하게 되었습니다. 그런데 성령님의 역사로 그리스도께 매달리도록 인도받은 적은 없습니다. 아, 여러분의 등은 꺼질 것이고, 여러분은 깜깜한 어둠 속에 남겨질 것입니다.

사랑하는 친구 여러분, 여러분 마음에 깊고 참된 은혜의 역사가 있는지 확인해 보십시오. 이 말씀을 기억하십시오. 반석 위에 집을 짓는 사람은 땅을 깊이 파고 주추를 반석 위에 놓습니다(눅 6:48). 모든 변화가 다 구원에 이르는 회심은 아닙니다. "그들은 돌아오나 높으신 자에게로 돌아오지 아니하니"(호 7:16). 이것은 많은 사람에게 사실입니다.

회심하지 않았다면, 교양 있는 사람이 되었다고 만족하지 마십시오. 이것이 큰 날에 여러분에게 아무런 도움이 안 될 것입니다.

2) 그리스도 앞에 나타나야 하기 때문입니다. 사람들 앞에 그리스도인으로 나타나기는 쉽습니다. "사람은 외모를 보거니와 나 여호와는 중심을 보느니라"(삼상 16:7). 위선자들이 사람들 앞에만 나타나야 한다면, 계속 겉치레할 수 있고, 하나님의 자녀인 양 말하고 읽고 기도할 수 있습니다. 하지만 "보라 신랑이로다!"는 소리가 날 때, 이들은 자신들이 그리스도, 곧 마음을 살피시는 분 앞에 나타나야 한다는 사실을 알게 됩니다. 이새가 사무엘 앞에 일곱 아들을 데리고 오자, 사무엘은 엘리압을 보고 속으로 "여호와의 기름 부으실 자가 과연 주님 앞에 있도다!"(삼상 16:6)고 했습니다. 그런데 하나님은 "내가 이미 그를 버렸노라 내가 보는 것은 사람과 같지 아니하니 사람은 외모를 보거니와 나 여호와는 중심을 보느니라"(삼상 16:7)고 하셨습니다.

아, 형제 여러분! 여러분 중에 많은 사람이 자신에게 은혜가 없고, 자신이 거듭난 적이 없고, 죄 가운데 살고 있는 줄 안다고 해도, 지금 사람들 앞에 떳떳하게 나아갈 수 있습니다. 여러분은 성찬 때 두려움 없이, 부끄러움 없이 앉아 있을 수 있습니다. 하지만 그리스도가 오실 때, 여러분의 등은 꺼질 것입니다. 하나님이 그 거룩하신 눈으로 흘끗만 바라보셔도, 여러분은 견딜 수 없을 것입니다. 아, 인자가 오실 때 그 앞에 설 수 있도록, 지금 그리스도에 대한 분깃을 달라고 기도합시다.

2. 애끓는 요청

그날 위선자들은 경건한 자들에게 은혜를 달라고 애원할 것입니다. "우리 등불이 꺼졌으니 너희 기름을 좀 나눠 달라"(마 25:8, KJV).

1) 그날 위선자는 자신과 경건한 사람의 차이를 볼 것입니다. 위선자의 등은 꺼지겠지만, 참으로 경건한 사람의 등은 밝고 환하게 타오를 것입니다. 지금 위선자는 자기가 누구 못지않게 괜찮다고 생각합니다. 자신과 하나님의 백성이 실제로 다르지 않다고 생각합니다. 하지만 그날 둘 사이에 큰 구렁텅이가 놓여 있음을 깨닫게 될 것입니다(눅 16:26).

2) 위선자는 등에 기름이 있는 것이 얼마나 복된 일인지

알 것입니다. 지금은 여러분 중에 많은 사람이 은혜의 필요성을 못 느낍니다. 마음속에 은혜가 있는 것이 더없는 복인 줄 모릅니다. 오히려 여러분은 지금 그대로 있고 싶어 합니다. 하지만 그날엔 "너희 기름을 좀 나눠 달라"(8절)고 외칠 것입니다. 여러분은 그날 경건한 자들의 평안을 볼 것입니다. 이들은 무너지는 우주 가운데서도 흔들리지 않을 것입니다. 이들의 양심을 깨끗하게 한 그리스도의 피가 이들에게 끝없는 평안을 줄 것입니다. 여러분은 이들이 신랑이 온다는 소리를 듣고, 신랑의 발소리를 들을 때, 이들의 얼굴에서 넘치는 기쁨을 볼 것입니다. 이들이 주와 구속자를 맞이할 때, 이들의 찬송 소리를 들을 것입니다. 지금은 경건한 사람들이 자꾸 곤경에 빠져서 불쌍하고 멸시를 받습니다. 이들은 아침마다 징벌을 받습니다(시 73:14). 그래서 여러분은 이들과 함께하려 하지 않습니다. 하지만 그날 경건한 자들은 왕관의 보석같이 빛나고(슥 9:16), 왕의 자녀같이 될 것입니다.

3) 위선자들은 경건한 자들에게 애원할 것입니다. 지금은 위선자들이 경건한 자들을 업신여기고, 이들에게 아무것도 애원하지 않을 것입니다. 참 경건한 사람이 여러분

에게 경고하고 조언할 때, 여러분은 언짢아합니다. 하지만 그날 여러분은 절망에 빠질 것입니다. 아무나 붙잡고 애원할 것입니다. 경건한 친구와 목사에게 기꺼이 애원할 것입니다. 사람들이 무엇 때문에 목사와 이야기하러 가는지 궁금해하던 여러분이, 참 경건한 사람들을 비웃고 조롱하던 여러분이 "너희 기름을 좀 나눠 달라"고 할 것입니다. 지금은 목사와 경건한 친구가 여러분의 문을 두드리고, 여러분 마음속에 은혜의 기름을 들이라고 간청합니다. 하지만 그날엔 여러분이 그들의 문을 두드리며 "우리 등불이 꺼졌으니 너희 기름을 좀 나눠 달라"고 외칠 것입니다.

은혜를 갈망하는 데 머무는 것은 얼마나 어리석은 일입니까! 그 끔찍한 날에는 위선자들도 은혜를 갈망할 것입니다.

3. 절망

경건한 사람들은 나누어 줄 수 없습니다. "우리와 너희가 쓰기에 다 부족할까 하노니"(9절).

1) 은혜를 주는 것은 이들의 능력 밖의 일입니다. 하나님은 경건한 사람들을 기꺼이 도구로 쓰시지만, 이들이 은혜의 샘이 되게 하지는 않으셨습니다. "나는 심었고 아볼로

는 물을 주었으되 오직 하나님께서 자라나게 하셨나니 그런즉 심는 이나 물 주는 이는 아무것도 아니로되 오직 자라게 하시는 이는 하나님뿐이니라"(고전 3:6-7). 라헬이 야곱한테 "내게 자식을 낳게 하라 그렇지 아니하면 내가 죽겠노라"(창 30:1)고 하자, 야곱은 "그대를 임신하지 못하게 하시는 이는 하나님이시니 내가 하나님을 대신하겠느냐?"(창 30:2)며 화를 냈습니다. 마찬가지로 은혜도 사람 손에 있지 않습니다. 그리스도를 영접한 사람들은 "혈통으로나 육정으로나 사람의 뜻으로 나지 아니하고 오직 하나님께로부터 난 자들"(요 1:13)입니다. 그러니까 도구에게 구원의 은혜를 기대하는 것은 부질없는 짓입니다. 도끼는 나무꾼의 손이 없으면 자를 수 없습니다. 물 주전자는 우물이 아닙니다. 그 끔찍한 날에 하나님의 자녀에게 아무리 애원해 봤자 아무 소용 없을 것입니다. 지금 예수님께로 가십시오.

2) 이들에게도 여유가 없습니다. 의인도 겨우 구원을 받습니다(벧전 4:18). 하나님의 자녀는 모두 천국에 꼭 들어갈 만큼만 은혜를 받습니다. 지금도 하나님의 자녀는 모두 자기에게 여유가 없다고 느낍니다. 기도하고, 죄를 슬퍼하고, 그리스도를 사랑하도록 도우시는 성령님이 자기 안에

거의 안 계시다고 느낍니다. 믿는 사람은 시험을 당할 때 자신이 성령님과 아무 상관 없는 사람이라고 느낍니다. 믿는 사람에게는 나눠 줄 능력보다 받을 필요가 더 큽니다. 그리스도가 그 엄숙한 시간에 오실 때, 믿는 사람은 자기에게 조금도 여유가 없다고 느낄 것입니다.

아, 사랑하는 형제 여러분! 여러분 자신을 위해 가서 사십시오. 자신에게 은혜가 없는 줄 아시는 여러분, 소리가 나기 전에 예수님께 가서 여러분 자신을 위해 은혜를 얻으십시오. 성도들은 여러분에게 은혜를 줄 수 없습니다. 목사들도 마찬가지입니다. 우리의 샘은 모두 예수님 안에 있습니다. 예수님 안에 성령이 한량없이 거하십니다. 주님, 이들의 마음을 움직여 주님께 달려가게 하옵소서!

8
열 처녀 비유(4)

8. 열 처녀 비유(4)

그들이 사러 간 사이에 신랑이 오므로 준비하였던 자들은 함께 혼인 잔치에 들어가고 문은 닫힌지라 그 후에 남은 처녀들이 와서 이르되 주여 주여 우리에게 열어 주소서 대답하여 이르되 진실로 너희에게 이르노니 내가 너희를 알지 못하노라 하였느니라 그런즉 깨어 있으라 너희는 그날과 그때를 알지 못하느니라(마 25:10-13).

1. 누가 준비되었는가

모두가 다 준비된 것은 아닙니다. 이 비유는 자신이 그리스도인이라고 고백하는 모든 사람이 다 준비된 것은 아님을 보여 줍니다. 미련한 처녀들은 준비된 것처럼 보였습니다. 옷도 차려입었고, 등과 심지와 불도 있었습니다. 그래도 이들은 준비되지 않았습니다. 그리스도인으로 보이는 모두가 다 준비된 것은 아닙니다. 여러분 중에 많은 사람이 하나님 집에 나오고, 주님의 식탁에 앉고, 여러분의 영혼을 걱정한다고 고백합니다. 그래도 여러분은 준비되지 않았습니다. 걱정을 한다고 해서 다 준비된 것은 아닙니다. 미련한 처녀들도 지금 걱정이 났습니다. 마음이 조마조마해 기름을 사러 갔고, 크고 쓰라리게 외쳤습니다. 아마 쓰라린 눈물을 흘렸을 것입니다. 그래도 이들은 준비되지 않았습니다. 여러분 중에 많은 사람이 걱정하며 기름을 사러 갑니다. 눈물을 흘리며 주님을 찾습니다. 그래도 여러분은 준비되지 않았습니다. 오늘밤 여러분이 죽는다면, 오늘밤 그리스도가 오신다면, 여러분이 준비되지 않았음이 드러날 것입니다. 그렇다면 어떤 사람이 준비된 사람입니까?

1) 예복을 입은 사람들. 여러분은 이것을 요한계시록 19장 7-8절에서 봅니다. "그의 아내가 자신을 준비하였으므로 그에게 빛나고 깨끗한 세마포 옷을 입도록 허락하셨으니 이 세마포 옷은 성도들의 옳은 행실이로다 하더라."[8] 또 시

---

8 킹제임스판은 "성도들의 옳은 행실"을 "성도들의 의"로 옮기고 있다.

편 45편 9절과 13절에서 봅니다. "왕이 가까이 하는 여인들 중에는 왕들의 딸이 있으며 왕후는 오빌의 금으로 꾸미고 왕의 오른쪽에 서도다…왕의 딸은 궁중에서 모든 영화를 누리니 그의 옷은 금으로 수 놓았도다." 그리고 마태복음 22장 11절에서 예복을 입지 않은 사람이 왕의 눈에 먼저 띈 것을 봅니다. 이 예복은 하나님의 의입니다. 영혼을 덮는 예수님의 옷자락, 곧 전가된 의입니다. 이것이 하늘의 신랑을 맞을 준비의 첫 부분입니다. 여러분 자신이 얼마나 가증스러운지, 여러분이 다 부정한 자 같고, 다 비천하고 더럽다는 사실이 드러났습니까? 여러분은 영광스럽게 나타난 의의 길, 곧 그리스도가 하신 일이 우리에게 전가되는 의의 길을 찾으셨나요? 주 예수의 피와 흰옷 아래 누우셨습니까? 그렇다면 여러분은 준비된 것입니다.

오해하지 마십시오. ① 이 전가된 의를 아는 지식을 말하는 것이 아닙니다. 이 의를 입은 적이 없어 터럭만큼도 더 나아지지 않은 많은 사람이 이 의에 대해 상당히 많이 듣고, 상당히 많이 압니다. 하지만 지식은 여러분을 정죄할 뿐이며, 더 깊이 가라앉힐 뿐입니다. ② 이 의를 갖고 싶다는 바람을 말하는 것도 아닙니다. 게으른 사람은 원해도 얻지 못합니다(잠 13:4). 많은 사람이 그리스도를 원하지만, 이들의 게으른 소원은 결코 만족되지 않습니다. 이들은 부자가 되기를 바라는 거지처럼, 아무리 원해도 더 나아지지 않습니다. ③ 일단은 이 의를 건네받고, 나중에는 다른 것을 갖는다는 말도 아닙니다. ④ 우리는 이 세마포 옷을 영원히 허락받아야 합니다(계 19:8). 처음에는 그리스도가 우리의 의이고, 그 뒤로는 우리 자신의 거룩함이 우리의 의인 것이 아니라, 처음부터 끝까지 우리의 의는 그리스도밖에 없습니다. 하늘에서 우리의 예복은 그리스도의 피로 씻은 옷이어야 합니다. 우리는 날마다, 순간마다 이 옷이 우리에게 허락되게 해야 합니다. 복된 영혼은 날마다 자신의 비천함을 보고, 날마다 이 예복을 받아 자신의 벌거벗은 몸을 가리는 영혼입니다.

2) 마음이 새로워진 사람들. 뜻을 하나로 모으지 못한 두 사람이 함께 갈 수 있습니까? 서로 반대되는 것을 좋아하는 두 영혼이 함께 기뻐할 수는 없습니다. 이는 함께 멍에를 맨 수소 두 마리가 서로 다른 길로 가려고 하는 것과 같습니다. 하나님의 자녀에게 세상과 결혼하지 말라고 하신 명령의 깊은 지혜가 바로 여기서 나옵니다. 빛과 어둠이

어찌 사귈까요(고후 6:14)? 마찬가지로 그리스도의 신부도 그리스도와 함께 혼인 잔치에 들어가려면, 그리스도와 한 마음을 품어야 합니다.

여러분이 마음이 새로워지지 않은 채로 그리스도와 함께 혼인 잔치에 들어가도록 허락을 받았다고 생각해 보십시오. 여러분 마음속에는 하나님을 향한 적대감이 있습니다. 여러분은 하나님의 백성을 싫어하고, 안식일을 지겨워하고, 온갖 정욕과 쾌락을 섬깁니다. 보좌 가운데 계신 어린양이 여러분을 인도하시고, 하나님이 여러분의 눈에서 모든 눈물을 씻어 주실 것입니다(계 7:17). 그런데 여러분은 하나님과 어린양을 싫어합니다. 거기서 여러분은 어떻게 행복할 수 있겠습니까? 거기에는 하나님의 자녀나 친구(여러분이 입버릇처럼 시편을 노래하는 위선자라고 하는)밖에 없습니다. 여러분은 이들과 행복할 수 있겠습니까? 영원한 안식! 제가 천국에 대해 으뜸으로 생각하는 점은 거기서 그리스도와 함께 영원한 안식을 누린다는 것입니다. 여러분은 행복할 수 있겠습니까? 이런 안식을 즐길 수 있겠습니까? 아, 친구 여러분, 속된 사람과 거짓말을 좋아하고 지어내는 사람은 결코 그리로 들어가지 못할 것입니다(계 21:27;

22:15). 여러분이 아직 거듭나지 않았다면, 아직 준비되지 않은 것입니다.

3) 등을 손질한 사람들. 슬기로운 처녀들도 잠든 동안에는 준비가 되지 않았습니다. 물론 이들은 예복을 입었고, 그릇에 기름이 있었습니다. 하지만 이들의 등은 흐릿했고, 이들의 눈은 감겼습니다. 하지만 신랑이 온다는 소리가 들리자, 이들은 일어나 등을 손질했고(7절, 새번역), 이제 신랑을 만나 신랑과 함께 들어갈 준비가 되었습니다. 하나님의 모든 자녀가 다 준비된 것은 아닙니다. ① 배역자는 준비되었나요? 이들은 영혼에 새로운 죄책을 쌓고서 씻음 받지 못했고, 여전히 죄책 아래 있지만 서둘러 샘으로 가지 않고, 하나님의 집을 등지고 우상을 보고 서 있습니다. ② 우상 숭배자는 준비되었나요? 이들은 한때 그리스도를 사랑했지만, 이제 불법한 감정에 사로잡혀 그리스도 대신 우상을 사랑합니다. ③ 그 첫사랑을 떠난 영혼, 하나님의 일에 냉담해진 영혼은 준비되었나요? ④ 솔로몬이 마음으로 여러 아내를 따르고, 베드로가 주님을 부인할 때, 이들은 준비되었나요?

아, 사랑하는 친구 여러분! 여러분 안에 있는 은혜를 불일듯하게 하는 법을 배우십시오. 여러분이 준비되려면, 예수님을 믿는 믿음을 불일듯하게 하고, 예수님과 성도들을 향한 사랑을 불일듯하게 하십시오. 깨어 있으십시오! 하나님의 일들 가운데 사십시오. 다가올 영광에 눈을 떼지 마십시오.

2. 준비된 자들이 받을 상급

"준비하였던 자들은 함께 혼인 잔치에 들어가고"(10절)

1) 그리스도께서 이들을 인정하실 것입니다. 그리스도는 이들을 자기 아버지께 데려가 '보소서, 나와 아버지께서 내게 주신 자녀들이니이다. 내가 이들을 위해 죽고, 기도하고, 다스렸나이다'고 말씀하실 것입니다. 지금은 자기 백성을 드러내 놓고 인정하지 않으시고, 자기 백성과 위선자를 구분하지 않으십니다. ① 그래서 세상이 이들을 모릅니다. 해가 악인과 선인에게 똑같이 비칩니다(마 5:45). 세상 사람들은 우리가 자신들과 다르지 않다고 생각합니다. ② 성도들도 우리를 모릅니다. 이들은 자꾸 우리를 의심합니다. 하나님의 자녀들은 서로를 자꾸 부당하게 의심합니다. 이들에게는 이런저런 체험이 없고, 하나님의 자녀 된 이런저런 표지

가 없습니다. ③ 우리도 자주 우리 자신을 모릅니다. 마음속에서 부패의 전쟁이 치열하게 벌어지고, 죄에 빠지고, 영혼에 은혜가 모자랄 때, 우리 자신을 자녀로 생각할 수 있습니까? 하지만 그때 그리스도께서 우리를 인정하실 것입니다. 모든 의심에 영원토록 마침표를 찍으실 것입니다. 그때 비웃던 세상도 그리스도가 우리를 사랑하신 줄 알 것이고, 우리와 운명을 함께해야 했다고 생각할 것입니다. 성도들도 우리가 자신들과 같이 그리스도의 것인 줄 알 것이고, 더는 우리를 의심하지 않을 것입니다. 우리도 더는 우리 자신을 의심하지 않을 것입니다. 우리 안에 더는 죽음과 모순과 부패와 어둠과 죄가 없을 것입니다. 그리스도는 자기 아버지 앞에서 우리 이름을 고백하실 것이고, "내 아버지께 복 받을 자들이여 나아와 창세로부터 너희를 위하여 예비된 나라를 상속받으라"(마 25:34)고 하실 것입니다.

2) 성도들은 그리스도와 함께 있을 것입니다. "함께 혼인 잔치에 들어가고." 이 세상에서 믿는 사람의 가장 큰 기쁨은 그리스도의 임재를 즐거워하는 것입니다. 보이지 않고, 느껴지지 않고, 들리지 않지만, 이것은 실제입니다. 보이지 않는 구주가 실제로 와 계시는 것입니다. 무엇이 은

밀한 기도를 달콤하게 하고, 설교와 성례를 달콤하게 합니까? 우리가 그 안에서 예수님을 만날 때입니다. "내가 여호와를 항상 내 앞에 모심이여 그가 나의 오른쪽에 계시므로 내가 흔들리지 아니하리로다"(시 16:8). 그런데 예수님은 자주 얼굴을 숨기시고, 우리는 불안해합니다. 우리는 우리 영혼이 사랑하는 분을 찾지만, 그분은 자취를 감추십니다. 우리가 일어나 찾아도, 찾지 못합니다. 보이지 않는 구주를 더듬어 찾는 것은 기껏해야 반쪽짜리 복입니다. 남편이 아내를 두고 바다 건너 멀리 떠났다고 생각해 보십시오. 편지나 사랑의 증표를 가지고 있거나, 남편을 잘 떠나보낸 친구를 보는 것은 달콤한 일입니다. 하지만 이것이 남편의 빈자리를 채워 주지는 못할 것입니다. 마찬가지로 우리는 주님의 부재를 슬퍼합니다. 그러나 주님이 오실 때 우리는 주님과 함께 있을 것입니다. "주의 앞에는 충만한 기쁨이 있고 주의 오른쪽에는 영원한 즐거움이 있나이다"(시 16:11). 우리는 이 땅에서 자그마하고 어슴푸레한 기쁨을 맛봅니다. 그리스도는 우리 없이 행복하실 수 없습니다. 우리는 그리스도의 몸입니다(엡 1:23). 하나님의 자녀 하나가 모자라면, 그분은 온전하지 못하실 것입니다. 우리는 그리스도의 충만함입니다. 그래서 그리스도는 이렇게 기도하셨습니다. "아버지여 내게 주신 자도 나 있는 곳에 나와 함께 있어 아버지께서…내게 주신 나의 영광을 그들로 보게 하시기를 원하옵나이다"(요 17:24).

우리는 그리스도 없이 행복할 수 없습니다. 우리를 황금 길과 천국문으로 데려가 보십시오. 노래와 보좌와 종려나무와 천사가 있는 곳으로 데려가 보십시오(계 7:9-12). 그래도 우리는 이렇게 말할 것입니다. '나를 위해 죽으신 신인 God-man은 어디 계시지? 나를 모든 악에서 구속하신 사자는 어디 계실까? 예수님은 어디 계시지? 찔린 옆구리는 어디 있을까?' 우리는 그분의 얼굴을 볼 것입니다(계 22:4). 어린양은 그 등불이십니다(계 21:23). 우리는 어린양과 함께 시온 산에 설 것이고, 더는 헤어지지 않을 것입니다.

3. 위선자들의 운명

1) "문은 닫힌지라"(10절). 그리스도의 문은 오랫동안 활짝 열려 있지만, 끝내 닫히고 맙니다. 그리스도가 오실 때, 닫힐 것입니다. 지금은 문이 열려 있고, 우리는 여러분을 초대하라고 보내심을 받습니다. 그러나 문은 곧 닫힐 테고,

여러분은 들어갈 수 없습니다. 노아 홍수 때도 그랬습니다. 120년 동안 방주 문이 활짝 열려 있었습니다. 노아는 나가서 두루 전파하며, 사람들을 들어오라고 초대했습니다. 성령님이 사람들과 다투셨습니다. 하지만 사람들은 다가올 홍수를 비웃을 뿐이었습니다. 드디어 그날이 왔습니다. 하나님은 노아를 방주로 들여보내고 문을 닫으셨습니다. 문이 닫혔습니다. 홍수가 왔고, 사람들을 싹 휩쓸어 갔습니다. 여기 있는 많은 사람도 그럴 것입니다. 지금은 문이 활짝 열려 있습니다. 예수님은 "내가 문이니 누구든지 나로 말미암아 들어가면 구원을 받고 또는 들어가며 나오며 꼴을 얻으리라"(요 10:9)고 하십니다. 내가 문이었다거나 문일 것이라고 하지 않고, 문이라고 하십니다. 지금은 누구든지 들어갈 수 있습니다. 그러나 그리스도가 곧 도둑같이, 올무같이, 아이를 밴 여자의 진통같이 오실 것이고, 여러분은 헤어나지 못할 것입니다. 좁은 문으로 들어가십시오(마 7:13).

2) 위선자들은 그날 기도할 것입니다. "주여 주여 우리에게 열어 주소서"(11절). 이들은 지금 기도하지 않습니다. 적어도 간절히 기도하지는 않습니다. 그저 형식에 따라 차

갑고 따분하게 기도할 뿐입니다. 하지만 그날에는 정말 간절히 부르짖을 것입니다. 지금은 여러분 중에 많은 사람이 자기 영혼에 진지해 보이는 것, 곧 눈물을 흘린다거나 기도한다거나 목사를 찾아가는 것을 부끄러워할 것입니다. 하지만 그날에는 부끄러움이 죄다 사라질 것입니다. 여러분은 눈물을 흘리며 울부짖을 것이고, 몹시 괴로워하며 그리스도의 문으로 달려갈 것입니다. 지금은 그리스도께서 여러분 중에 있는 많은 사람을 찾으십니다. "인자가 온 것은 잃어버린 자를 찾아 구원하려 함이니라"(눅 19:10). 그리스도는 잃어버린 한 마리 양을 찾는 목자이십니다. 그분이 여러분의 문 앞에 서서 두드리십니다. 서서 외치십니다. "사람들아 내가 너희를 부르며"(잠 8:4). "돌이키고 돌이키라"(겔 33:11). '죄인아, 죄인아, 문을 열라.'

그날은 정반대일 것입니다. 여러분이 구주를 찾을 것입니다. 그러나 찾지 못할 것입니다. 여러분이 그리스도의 문 앞에 서서 두드리고, 힘껏 소리 높여 외칠 것입니다. "주여 주여 나에게 열어 주소서." 이것이 바로 그날 이 교구에서 펼쳐질 광경입니다! 하나님의 집에 나오지 않는 사람들, 곧 아무 생각 없이 죄 가운데 사는 하얗게 머리 센 노인들, 쾌락에 미친 젊은이들, 그리스도 없이 사는 아이들, 그날에는 이들 모두가 진지해질 것입니다. 이것이 여러분 중에 기도하지 않거나, 형식으로 차갑고 따분하게 기도하는 사람들을 꾸짖을 수 없을까요? 그날 여러분은 기도할 것입니다. 아, 하지만 그때는 너무 늦습니다. 그 걱정을 앞당겨 지금 기도를 시작하는 것이 어떻습니까?

3) 절망: "내가 너희를 알지 못하노라"(12절). 그리스도는 '내가 저들을 아노라'며, 자기 백성을 인정하실 것입니다. 불쌍하고 멸시받는 신자를 인정하실 것입니다. 세상이 이들을 몰랐다 해도, 그리스도께서 인정하실 것입니다. 그날 한 사람도 지나치지 않으실 것입니다. 하지만 등에 기름이 없는 미련한 처녀들은 아닙니다. 이들은 인정하지 않으실 것입니다. 아, 그리스도께서 자기 아버지와 거룩한 천사들 앞에서 인정하지 않으신다니, 이 얼마나 두려운 일일까요! "그런즉 깨어 있으라 너희는 그날과 그때를 알지 못하느니라"(13절). 여러분, 마음속에 참된 은혜가 있는지 보십시오. 그리스도가 여러분의 의인지, 여러분의 영혼이 살아 있는지 보십시오.

9

떡을 가지신 예수님

9. 떡을 가지신 예수님

> 그들이 먹을 때에 예수께서 떡을 가지사 축복하시고 떼어 제자들에게 주시며 이르시되 받아서 먹으라 이것은 내 몸이니라 하시고(마 26:26).

만찬 때의 예수님과 제자들의 행동을 잘 생각해 봅시다.

1. 예수님의 행동

1) 떡을 가지십니다.[9]

이 행동은 무엇을 나타냈습니까? 이것은 그리스도가 죄인들을 위해 친히 대속의 큰일을 도맡으신 것을 나타냈습니다.

---

9 다른 번역 성경을 보면, 떡을 '들다', '집다'로도 옮기고 있다.

의심할 나위 없이 그리스도는 신격 가운데 이 일을 하시기에 가장 알맞은 위격이셨습니다. 그리스도는 우리 영혼을 위한 대속물이십니다. "내가 대속물을 찾았다"(욥 33:24, KJV 직역). 신격의 신비에서, 아버지는 그 손에 신격의 권세, 곧 공의의 칼을 쥐셨고, 성령은 영혼을 일깨워 그리스도와 가까이하게 하는 일을 하십니다. 아들은 우리의 대속자로 택함을 받으셨고, 우리는 이것을 의지할 수 있습니다.

그리스도는 어떤 피조물보다 이 일에 더 알맞으셨습니다. 가장 높고 거룩한 천사도 이 일을 하지 못했을 것입니다. 피조물끼리는 무한한 거리가 없습니다. 천사는 아들이 천사와 사람보다 높으신 만큼 사람보다 높지 않았습니다. 천사나 사람이나 모두 하나님의 입김입니다. 한 천사의 대속은 하나님의 율법을 존귀하게 하지 못했을 것입니다(사 42:21).

하나님은 한 사람을 뽑지 않으셨습니다. 모든 사람이 자신의 지옥을 감당해야 했기 때문입니다. 모두가 죄를 지어서 의로운 사람이 없습니다. 그래서 죄 없는 사람이 필요했습니다. 하나님은 그분보고 "내가 택한 사람"(사 42:1)이라고 하십니다! 여러분도 그분을 택하셨습니까? 하나님은 그분을 사모하셨습니다! 여러분은요? 하나님은 그분을 보내시며, 그들이 혹 내 아들은 존대하리라 하셨습니다(눅 20:13). 여러분은 그분을 존대하십니까?

예수님이 떡을 가지신 것은 또한 그리스도의 성육신을 나타냈습니다. 땅에 내린 만나가 하늘에서 내려오신 그리스도를 나타냈듯이, 예수님이 떡을 가지신 것은 틀림없이 땅에 계시는 그리스도를 나타냈습니다. 그리스도는 땅에 놓이는 "주춧돌"(사 28:16, 새번역)이 되려고 오셨습니다. 하나님이 육신으로 나타나신 것(딤전 3:16), 이것이 우리 구원의 샘입니다. 보십시오, 큰 경건의 비밀을! 그리스도는 마른 땅에서 나온 뿌리이십니다(사 53:2). 하나님의 지혜와 구원을 주시는 하나님의 능력을 보십시오!

2) 떡을 축복하십니다.

이것은 아버지께서 구주를 이 일에 꼭 맞게 준비시키신 것을 나타냈습니다. 그리스도는 기름 부음을 받으셨습니다(사 61:1). 아버지가 그 손을 잡으셨습니다. 성령으로 채우셨습니다. 거룩하게 하시고 세상으로 보내셨습니다. 하나님은 그리스도를 위해 한 몸을 예비하셨습니다(히 10:5). 자, 그리스도는 사람들에게 줄 선물을 받으셨습니다(엡

4:8). 그리스도의 머리에 부어진 기름이 그 몸의 모든 지체에게로 흘러내립니다(시 133:2).

3) 떡을 떼십니다.

이것은 그리스도의 고난을 가리킵니다. 아버지는 그리스도를 상하게 하시기를 기뻐하셨습니다(사 53:10, KJV).

① 그 고난의 근원. 그리스도가 우리 대신 받으신 것은 하나님의 의로운 진노였습니다. "주께서 또 나를 죽음의 진토 속에 두셨나이다"(시 22:15). 그리스도는 "어찌 나를 버리셨나이까?"(시 22:1) 하고 외치셨습니다.

② 그 고난의 끔찍함. 떡은 그냥 흠집만 난 것이 아니라, 떼였(찢겼)습니다. 포도주가 부어졌습니다. 그리스도는 자기 영혼을 버려(부어) 죽음에 이르게 하셨습니다(사 53:12).

4) 떡을 주십니다.

그리스도는 제자들에게 떡과 포도주를 건네주셨습니다. 이것은 틀림없이 자기 백성에게 자기 피와 의와 모든 것을 넘겨주신 것을 가리킵니다.

① 그리스도는 모두에게 값없이 제안됩니다. 아, 사람들이여, 그리스도는 여러분에게 제안됩니다. "땅의 모든 끝이여 내게로 돌이켜"(사 45:22). "내게 오는 자는 내가 결코

내쫓지 아니하리라"(요 6:37). "원하는 자는 오라"(계 22:17). 놋뱀은 모두에게 거저입니다. 방주는 열려 있고, 아직 자리가 있습니다. 도피성은 들어가도록 되어 있습니다.

② 그런데도 눈여겨볼 것은, 이 떡을 오로지 자기 제자들한테만 주고 계신다는 사실입니다.

2. 만찬을 받는 사람들의 행동

1) 떡과 포도주를 받습니다.

이들은 제안되는 것을 감사히 받습니다.

① 이것은 이들이 찢기신 구주를 받는다는 뜻입니다. 그리스도는 하나님에게서 나와서 이들에게 의로움이 되십니다(고전 1:30). 이들은 그리스도와 가까이합니다. 스스로를 의롭다 할 수 없다고 느낍니다. 그리스도가 모든 것을 하셨고, 모든 것을 겪으셨고, 자신들에게 거저라고 굳게 믿습니다. 그래서 그리스도와 가까이하고, 그리스도께 매달리고, 그리스도께로 나아옵니다. 이 찢기신 구주를 자신들의 보증인으로 받아들입니다.

② 이들은 구주 전체를 받아들입니다. 주님의 식탁에 흔히 나오는 거의 모두가 이 거룩한 식탁을 멀리해야 합니

다. 많은 사람이 자신이 죄를 깨달은 적이 없고, 기도하게 된 적이 없고, 구원에 이르도록 그리스도와 가까이하게 된 적이 없음을 잘 압니다. 많은 사람이 그래도 죽기 전에는 돌이키기를 바란다고 말합니다. 아, 이것은 여러분이 그리스도와 가까이하고 있지 않다는 뜻입니다. 여러분은 이 거룩한 식탁에 나와서는 안 됩니다. 하나님께 거짓말하시겠습니까? 많은 사람이 죄를 깨달았지만, 이것은 옛일이 되고 말았습니다. 이들은 이 거룩한 식탁에 나와서는 안 됩니다.

하지만 여러분 중에는 자신에게 믿음이 있는지 알아보려고 애쓰다가 낙심한 사람도 많습니다. 지금 믿으십시오. 그리고 오십시오! 필요한 자격은 하나뿐입니다. 곧, 그리스도가 필요하다고 느끼는 것입니다.

2) 먹고 마십니다.

떡과 잔을 가지고만 있으면 이것은 성례가 아닙니다. 먹고 마셔야 합니다. 떡은 목숨을 지탱하는 양식입니다. 포도주는 병치레가 잦은 사람에게 훌륭한 양분이 됩니다(딤전 5:23). 둘 다 사람에게 양분을 주는 데서는 가장 큰 복입니다. 여행 중인 나그네처럼, 몸은 힘을 얻고, 지탱을 받고, 기운을 차립니다. 마찬가지로 우리는 예수님을 먹고 힘을 얻습니다. 예수님에게서 양분과 기운을 얻습니다. 우리 영혼이 예수님을 의지하고, 예수님을 먹습니다. 우리는 예수님의 날개 밑에 오고, 그 집의 아름다움에 만족합니다(시 65:4). 그 복락의 강물을 마십니다(시 36:8).

받는 행위는 의롭다 하심을 얻는 믿음을 나타냅니다. 먹고 마시는 것은 양자됨과 성화를 나타냅니다. 이 떡과 포도주가 내 몸을 먹이듯이, 부활하신 구주가 내 영혼을 먹이십니다. 그분은 나의 떡이십니다. 나의 포도주이십니다. 나는 지친 나그네 같습니다. 그분은 선한 사마리아인이십니다. 그래서 내 걸음을 붙드십니다.

여러분은 이런 점에서 자신을 살펴봐야 합니다. 여러분은 그리스도에게서 양분을 바라십니까? 그리스도에게서 수액을 받는 가지이십니까? 그리스도가 살아 계시기에 여러분도 살아 있습니까? 여러분은 그리스도의 지체이신가요? 여러분 중에 거의 모두가 자신이 그리스도의 지체가 아닌 줄 압니다! 자신이 거듭나지 않은 줄 알고, 죽은 줄 압니다! 여러분은 죽은 가지입니다. 살아 있는 포도나무에 붙은 듯 보이나, 죽어 있습니다.

어떤 사람이 스스로도 인정하는 죄 가운데 살고, 자녀의 죄를 못 본 체하고, 안식일을 어기고, 규례에 빠지고, 욕하고, 술 마시고, 악을 행한다면, 여러분은 이 사람의 마음이 그리스도 안에 있지 않다는 것을 알 수 있습니다. 여러분, 떡을 먹을 때 하나님의 진노가 마구 쏟아지지 않도록, 가까이하지 마십시오.

하지만 저는 다른 사람들을 격려하기 위해 말하겠습니다. 여러분이 떠는 가장 큰 원인이 여러분의 마음이 너무 악하고, 너무 약하다고 느끼는 것이라면, 그런데도 여러분이 죄를 정말 싫어하고 하나님의 형상 전체가 여러분 안에 회복되기를 바란다면, 오십시오. 만찬은 여러분을 위한 것입니다.

3) 다른 이들에게 줍니다.

이것은 형제 사랑과 그리스도의 모든 자녀가 여러분과 함께 발견되었으면 하는 바람을 나타냅니다. 풍성한 수액이 포도나무 가지를 거쳐 더 작은 가지와 넝쿨손으로 전해지듯이, 모든 은사와 은혜가 여러분을 거쳐 모두에게 전해질 것입니다. 여러분이 그리스도인을 그리스도인으로 사랑하는지 살펴보십시오. 여러분이 그리스도인들을 싫어한다면, 만찬은 여러분을 위한 것이 아닙니다. 여러분이 이들의 경건하고 유익한 계획을 반대한다면, 만찬은 여러분을 위한 것이 아닙니다.

하지만 다른 사람들에게 이렇게 말하겠습니다. 여러분 중에 어떤 사람은 형제를 사랑합니다. 와서 보여 주십시오!

목회를 하는 데서 크게 실패하는 일 가운데 하나는 주님의 만찬을 크게 남용하는 것입니다. 제가 여러분 가운데 처음 왔을 때부터 이제까지 쭉 느낀 점은, 하나님의 거룩한 규례를 모독하는 것보다 영혼의 회심을 더 가로막는 일은 없다는 사실입니다. 하나님은 노하여 떠나시고, 여러분의 양심은 마비됩니다. 그리스도의 승리를 맛봐야 할 날이 눈멀어 멸망하는 날이 되고 맙니다.

많은 사람이 자기가 대놓고 적극 죄를 짓고 사는 줄 알면서 나옵니다. 자기한테 그리스도가 없는 줄 알면서 나오고, 자기 영혼을 한 번도 살펴본 적 없으면서 나옵니다.

여러분이 여러분 양심에 화인을 찍고 양심을 마비시켜 아무 감각도 못 느끼게 하고 싶지 않다면(딤전 4:2; 엡 4:19), 제가 이 성례에서 하는 행동을 설명드리는 동안 제 말에 귀 기울이십시오.

9. 떡을 가지신 예수님

그리스도는 참으로 모두에게 거저입니다. 그분은 방주요, 놋뱀이요, 도피성이십니다. 천사들이 이 큰 기쁨의 즐거운 소식이 온 백성에게 미치리라고 한 것처럼(눅 2:10), 그분은 "땅의 모든 끝이여 내게로 돌이켜 구원을 받으라"(사 45:22)고 하십니다. 그리스도는 오는 자를 내쫓지 않으실 것입니다. 아직 자리가 있습니다. 원하는 사람은 누구든지 오십시오. 그분은 아무도 멸망하지 않기를 바라십니다(벧후 3:9).

뗀 떡과 포도주를 받는 것은, 구주를 나의 보증인으로 받아들인다는 뜻입니다. 나는 노아처럼 방주로 들어가고, 희생제사를 드리는 사람처럼 양 머리에 손을 얹습니다. 나는 도피성으로 달아나는 사람과 같고, 구주의 옷단에 손대는 여인과 같습니다. 아가서에서 신부는 사랑하는 자를 붙잡고 놓지 않았습니다(아 3:4). 떡과 포도주를 받는 것은 증표로 보증금을 받는 것과 같습니다. 결혼반지를 받는 것과 같고, 오른손을 받아들이는 것과 같습니다. 마찬가지로 그리스도는 오른손을 내미십니다. 우리가 보내심을 받은 것은 여러분에게 끊임없이 구애하기 위함입니다. 우리는 여러분에게 그리스도의 위격이 얼마나 아름다운지, 그리스도의 옷이 얼마나 값비싼지, 그리스도의 유산이 얼마나 넉넉한지 말씀드렸습니다. 그리스도는 지금 이 성찬식에서 손을 내미십니다. 그리고 여러분이 진심으로 받아들인다면, 여러분을 맞아 주실 것입니다.

만찬을 받는 사람들의 먹고 마시는 행동은, 그리스도를 먹고 가정과 일과 아픈 영혼을 위해 그리스도에게서 힘을 얻는 것을 나타냅니다. 이것은 신부가 그 사랑하는 자를 의지하는 것과 같습니다(아 8:5). 포도나무 가지마다 양분을 얻습니다. 몸의 지체는 그리스도의 날개 아래서 양분과 기운을 얻습니다. 그리스도는 양들을 먹이는 감람나무이십니다(슥 4:2-3). 이것은 종려나무나 레바논의 백향목이 번성하는 것과 같습니다(시 92:12). 이스라엘이 40년 동안 만나를 먹은 것과 같습니다.

하지만 여러분이 마음으로 하나님의 백성을 핍박한다면, 여러분의 혀가 날선 칼 같고 뾰족한 화살 같다면, 여러분이 참된 그리스도인들의 계획을 반대하고 이들을 비웃고 이들이 하는 말을 듣기 싫어한다면, 이 규례는 여러분을 위한 것이 아닙니다.

10
성찬: 가장 달콤한 규례

10. 성찬: 가장 달콤한 규례[10]

> 그들이 먹을 때에 예수께서 떡을 가지사 축복하시고 떼어 제자들에게 주시며 이르시되 받아서 먹으라 이것은 내 몸이니라 하시고(마 26:26).

주님의 만찬은 모든 규례 가운데 가장 달콤합니다.

1) 이것을 제정하신 시간 때문입니다.

이제껏 이 세상에 있었던 가장 어두운 밤에, 잡히시던 날 밤에, 자신의 사랑이 시험대에 놓인 밤에, 그 밤에 예수님은 떡을 가지사 축복하시고 떼어 자기 제자들에게 주셨습니다.

---

[10] 1838년 10월 28일, 던디에 있는 성 베드로 교회에서 성찬식 전에 한 설교.

2) 믿는 사람의 규례이기 때문입니다.

기도는 모든 사람의 의무입니다. 하나님은 까마귀가 우는 소리도 들어주십니다(시 147:9). 마찬가지로 하나님은 각성하지 않은 사람의 기도를 자주 들어주십니다. 복음 설교를 듣는 것도 모든 사람의 의무입니다. "사람들아 내가 너희를 부르며 내가 인자들에게 소리를 높이노라"(잠 8:4). 하지만 만찬은 자녀들의 떡입니다. 이것은 오로지 구주를 알고 사랑하는 사람들만을 위해 제정하신 것입니다.

3) 그리스도가 그 처음과 중간과 끝이시기 때문입니다.

우리는 "이것을 행하여 나를 기념하라"(고전 11:24)는 말씀을 듣습니다. "주의 죽으심을 그가 오실 때까지 전하는 것이니라"(고전 11:26). 그리스도로 시작해 그리스도로 마치지 않는 설교가 많습니다. 구주를 찾아보기 힘든 책이 많습니다. 하지만 그리스도로 시작해 그리스도로 마치지 않는 성찬은 있을 수 없습니다. 성찬은 그리스도와 그가 십자가에 못 박히신 것이 전부입니다. 이것이 주님의 식탁을 유달리 달콤하게 합니다.

그렇다면 우리 구주의 행동을 살펴봅시다.

1. 떡을 가지신 예수님

이것은 두 가지를 나타냈습니다.

1) 대속의 큰일에 그리스도를 택하심

"내가 붙드는 나의 종, 내 마음에 기뻐하는 자 곧 내가 택한 사람을 보라"(사 42:1). 하나님은 이 일을 맡기시려고 자기 아들을 택하셨습니다. 이 어마어마한 일을 해낼 존재가 온 우주에 그리스도밖에 없었다는 것은 의심할 나위 없는 사실입니다. 신격의 다른 어떤 위격도 아마 하지 못하셨을 것입니다. 아버지는 그 손에 공의의 칼을 쥐셨고, 성령은 영혼을 사로잡아 그리스도께로 이끄는 일을 맡으셨습니다. 아들은 대속의 일을 맡으시려고 택함을 받으셨습니다. "내가 대속물을 찾았다"(욥 33:24, KJV 직역).

어떤 거룩한 천사도 틀림없이 하지 못했을 것입니다. 하나님은 거룩한 천사들, 곧 "그 수가 만만이요 천천"(계 5:11)인 천사들과 통치자들과 권세들을 모두 둘러보셨습니다. 이들은 저마다 외칩니다. "거룩하다 거룩하다 거룩하다 주 하나님 곧 전능하신 이여"(계 4:8). 하지만 이들이 결코 죄인들을 대신할 수 없음을 하나님은 한눈에 아셨습니다. 어떤 피조물도 창조주의 진노를 감당할 수 없었습니다. 이들은 자비를 전하는 상냥한 심부름꾼이지만, 하나님의 진노를 감당할 수 없었고, 이들의 아름다움은 빛을 잃었을 것입니다.

한낱 인간도 틀림없이 할 수 없었을 것입니다. "여호와께서 하늘에서 인생을 굽어살피사 지각이 있어 하나님을 찾는 자가 있는가 보려 하신즉 다 치우쳐 함께 더러운 자가 되고 선을 행하는 자가 없으니 하나도 없도다"(시 14:2-3). 사람들은 저마다 자신의 지옥을 감당해야 했습니다. 자신이 감당할 수 있는 것보다 더 무거운 죄를 짓지 않은 사람이 없었습니다. 그래서 아무도 자신을 위해 자신을 대속물로 줄 수 없었고, 그 형제를 위해서는 더더욱 줄 수 없었습니다.

하나님은 자신의 품속을 들여다보셨습니다. 거기서 죄 없고, 흠 없고, 점 없는 분을 찾으셨습니다. 하나님과 동등하시고, 지옥에 가야 마땅한 죄인들을 하나님과 같이 한없이 불쌍히 여기시고, 창조주의 진노를 견디고도 살아남을 수 있는 분이셨습니다. 하나님은 외치셨습니다. '내가 대속물을 찾았노라. 내가 내 사랑하는 아들을 보내리니, 그들이 혹 내 아들은 존대하리라(욥 33:24; 눅 20:13).'

그리스도가 구주로서 얼마나 알맞은 분인지 배우십시오. 여러분에게 꼭 필요한 그런 구주이십니다. 하나님이 택하신 분이십니다. "내가 택한 사람"(사 42:1). 자, 하나님은 우리 죄를 모두 아셨고, 우리 죄가 져야 할 진노의 무게를 아셨습니다. 그리고 그리스도가 모든 것을 짊어지기에 더없이 알맞은 분임을 아셨습니다. 하나님은 자기 아들을 택하셨습니다. 각성한 죄인 여러분, 그리스도께 피하십시오. 방주는 밑에서 터진 큰물과 하늘에서 쏟아지는 억수를 나무 하나 부러지지 않고 넉넉히 버틸 만큼 튼튼했습니다. 하나님이 마련하신 것이기 때문입니다. 마찬가지로 그리스도는 하나님이 택하시고, 여러분에게 꼭 필요한 그런 구주이십니다. 그리스도께 피하십시오. 슬픔의 물결 하나도 여러분의 영혼에 닿지 않을 것이고, 진노의 물방울 하나도 여러분에게 떨어지지 않을 것입니다.

2) 그리스도의 성육신

저는 구주가 자기를 기념하게 하려고 하실 때, 은이나 금이나 보석이나 훌륭한 그림이나 대리석 조각상이 아니라, 떡, 소박한 떡을 가지고 하셨다고 몇 번이나 말씀드렸습니다. 왜 그러셨습니까? 자신의 본래 영광이 아니라, 자신의 낮아지심을 보여 주고 싶으셨기 때문입니다. 자신을 아버지 품에 계신 아들, 보좌에 앉으신 영광의 왕이 아니라, 땅에 계신 그리스도, 육신을 입으신 하나님, 임마누엘, 곧 우리와 함께 계시는 하나님으로 나타내기를 바라셨습니다. 마찬가지로 그리스도는 만나, 곧 땅바닥에 있는 작고 하얗고 서리같이 가는 것으로 나타나셨습니다(출 16:14, 31). 성경은 또 그리스도를 땅에 놓인 "주춧돌"(사 28:16, 새번역)이라고도 하고, 땅에서 솟아나는 열린 샘이라고도 말합니다(슥 13:1). 이사야는 "마른 땅에서 나오는 뿌리"(사 53:2)라고 했고, 고운 모양도 풍채도 없다고 했습니다. 그리스도는 스스로를 "사론의 수선화"라고 하셨고, 이 타락한 세상이라는 골짜기 바닥에서 자라는 "골짜기의 백합화"(아 2:1)라고 하셨습니다. 이 모든 데서 하나님의 아들은 영광 가운데 계시고 보좌에 계시는 분으로 나타나는 것이 아니라, 자기를 비우신 분으로, 발등상으로 나타납니다. 성찬 떡도 마찬가지입니다.

아, 가까이 와서 이 놀라운 모습을 보십시오. 하나님이 육신으로 나타나셨고, 소박한 떡 한 쪼가리로 나타나셨습니다. 아, 떡 쪼가리가 나타낼 수 있는 얼마나 달콤한 진리입니까! 하나님이 내려오셔서 휘장에 거하시고, 그 임재로 성막을 가득 채우셔서 제사장이 능히 서서 섬기지 못한 것은 놀라운 일이었습니다(왕상 8:11). 아, 그런데 훨씬 놀라운 일이 있습니다! 하나님의 한 위격이 내려오셔서 육신에 거하신 것입니다. 땅을 아무것도 없는 곳에 매다시는 분이 땅에서 사람도 아닌 벌레가 되셨습니다(욥 26:7; 시 22:6). "땅의 흙으로 사람을 지으"(창 2:7)신 분이 친히 연약한 몸을 입으사, 배고프고, 목마르고, 지치고, 졸리고, 땀 흘리고, 한숨짓고, 피 흘리고, 죽으셨습니다. 아, 성도 여러분, 이 떡을 볼 때, 이 경건의 비밀을 묵상하십시오!

2. 떡을 축복하신 예수님

이것은 아버지께서 아들을 이 일에 꼭 알맞게 준비시키신 것을 나타냅니다.

1) 한 몸을 예비하신 하나님

"하나님이 제사와 예물을 원하지 아니하시고 오직 나를 위하여 한 몸을 예비하셨도다"(히 10:5). 하나님은 시내 산에서 모세에게 장막의 모형을 주신 것처럼, 자기 아들이 거할 몸을 예비하셨습니다.

2) 아들에게 기름 부으신 하나님

예수님이 요단강에서 세례를 받으실 때, 하늘이 열리고 성령이 비둘기같이 내려와 예수님 위에 머무셨습니다. 나사렛에서 막 설교를 시작하실 때도, 예수님은 "주의 성령이 내게 임하셨으니 이는 가난한 자에게 복음을 전하게 하시려고 내게 기름을 부으시고"(눅 4:18) 하고 말씀하셨습니다. 예수님은 본래 하나님이시지만, 맡으신 일이 워낙 커서 성령을 한량없이 받으셨습니다.

3) 아들에게 학자의 혀를 주신 하나님

"주 여호와께서 학자들의 혀를 내게 주사 나로 곤고한 자를 말로 어떻게 도와줄 줄을 알게 하시고 아침마다 깨우치시되 나의 귀를 깨우치사 학자들같이 알아듣게 하시도다"(사 50:4). 하나님은 그리스도를 설교자로 준비시키셨습니다.

4) 아들의 손을 잡으신 하나님

"나 여호와가 의로 너를 불렀은즉 내가 네 손을 잡아 너를 보호하며 너를 세워 백성의 언약과 이방의 빛이 되게 하리니"(사 42:6). 그리스도를 붙든 것은 그 자신의 신성과 그 안에 거하신 성령만이 아니었습니다. 하나님 아버지도 그리스도의 손을 붙드셨습니다. 그리스도는 쓰디쓴 고난의 때에 이 사실을 보셨습니다. "보라 너희가 다 각각 제 곳으로 흩어지고 나를 혼자 둘 때가 오나니 벌써 왔도다 그러나 내가 혼자 있는 것이 아니라 아버지께서 나와 함께 계시느니라"(요 16:32).

성도 여러분, 떡을 축복하는 단순한 의식에서 달콤한 교훈, 곧 예수님을 신뢰하는 법을 배우십시오. 예수님은 아버지의 택하심을 받으셨을 뿐 아니라, 그 맡으신 일에서 아버지의 복과 공급을 받으셨습니다. 아, 이것이 예수님에 대한 우리의 신뢰를 얼마나 높여 줍니까! 우리 영혼을 예수님께 맡기도록 우리를 얼마나 가만히 이끕니까! 우리는 하나님이 우리를 위해 원수와 맞서 싸우실 용사를 택하셨다는 사실을 배울 때, 기쁨을 맛봅니다. 그런데 하나님은 그분에게 하늘의 갑옷을 입히셨고 가장 좋은 무기를 주셨습니다. 참으로 아버지다운 손길로 그분을 붙들고 계십니다. 이 사실을 배울 때, 우리의 신뢰는 당연히 커질 테고, 우리 영혼은 그분이 하시는 일을 안심하고 믿을 수 있습니다.

우리가 여러분에게 하나님이 우리 죄를 속할 대제사장을 택하셨다고 할 때, 이것은 커다란 안식을 줍니다. 그런데 하나님은 그분을 준비시키시고 그분에게 기름을 부으셨습니다. 번제할 어린양을 마련하셨습니다. 이 사실을 배울 때, 우리는 그분이 다 이루신 사역을 마음 놓고 믿을 수 있습니다.

3. 떡을 떼신 예수님

"이것은 너희를 위하여 찢긴(떼인) 내 몸이라"(고전 11:24, KJV 직역). 이 단순한 행동이 하나님의 아들이 죄인들을 대신해 받으신 고난을 나타낸다는 것은 의심할 나위 없는 사실입니다.

배우십시오.

1) 이 고난의 근원

"떡을 떼시고." 십자가의 고난을 볼 때, 여러분은 보통 이 끔찍한 장면에 얽힌 한낱 도구들에만 관심을 기울입니다. 여러분은 그리스도의 손과 발에 못을 떼려 박는 군인 넷을 봅니다. 입술을 비쭉거리는 제사장들과 머리를 흔드는 행인들을 보고(시 22:7), 그리스도께 욕하는 못 박힌 강도들을 봅니다.

그런데 이 장면을 아주 다르게 보는 법이 있습니다. 이 장면을 더 깊이 들여다보면, 틀림없이 이 끔찍한 순간에 오직 두 위격만 계시다는 사실을 볼 것입니다. "여호와께서 그에게 상함을 받게 하시기를 원하사 질고를 당하게 하셨은즉 그의 영혼을 속건제물로 드리기에 이르면"(사 53:10). 이렇게 보면, 여러분 눈에 피범벅 된 군인은 이제 보이지 않습니다. 여러분은 잔뜩 화가 난 제사장들의 일그러진 얼굴을 잊게 되고, 무리가 하나님을 모독하는 소리를 더는 듣지 않게 됩니다. 그리고 오직 그리스도를 상하게 하시는 아버지, 곧 죄를 짊어진 어린양에게 진노를 쏟아부으시는 거룩하고 거룩하고 거룩하신 하나님만을 보게 됩니다. 구주 자신도 마찬가지셨습니다. 저는 구주가 못 박히신 것을 틀림없이 느끼셨다고 믿습니다. "내 수족을 찔렀나이다"(시 22:16)고 하시기 때문입니다. 구주는 잔뜩 화가 난 잔인한 원수들을 보셨습니다. "많은 황소가 나를 에워싸며 바산의 힘센 소들이 나를 둘러쌌으며…개들이 나를 에워쌌으며 악한 무리가 나를 둘…렀나이다"(시 22:12, 16). 목마름을 느끼셨습니다. "내 혀가 입천장에 붙었나이다"(시 22:15). 군인들이 자기 옷을 나누는 것까지 보셨습니다. "내 겉옷을 나누며 속옷을 제비 뽑나이다"(시 22:18). 하지만 이들은 본체만체하셨습니다. 이들에게 마음 쓰지 않으셨습니다. 자기 눈앞에 훨씬 무시무시한 대상, 곧 노하신 하나님이 계셨기 때문입니다. "내 하나님이여 내 하나님이여 어찌 나를 버리셨나이까"(시 22:1)? "주께서 또 나를 죽음의 진토 속에 두셨나이다"(시 22:15). 아, 이 얼마나 달콤한 교훈입니까! 하나님의 진노가 벌써 다 쏟아졌습니다. 죄인 여러분, 거기 숨으십시오. 그러면 안전합니다!

2) 그리스도의 고난이 얼마나 큰가

떡이 떼였(찢겼)습니다. 그냥 흠집만 난 것이 아니라, 떼였습니다. 포도주가 부어졌습니다. 이것은 하나님의 어린양이 무한한 고난을 겪으셨음을 보여 줍니다. 그분은 우리를 위해 찢기셨습니다. 자기 영혼을 버려(부어) 죽음에 이르게 하셨습니다(사 53:12, KJV).

아, 하나님이 죄를 보고 얼마나 크게 진노하시는지 배우십시오! 여러분이 노아 홍수 때 있었다면, 그래서 큰 깊음의 샘들이 터지고(창 7:11), 바위로 된 땅의 기초를 하나님이 손수 터뜨리신 것을 봤다면, 여러분은 '참으로 하나님의 진노로구나' 했을 것입니다. 여러분이 구주가 다시 오실 때 있게 된다면, 그래서 하늘이 두루마리가 말리듯 사라지고(계 6:14, 새번역), 물질이 뜨거운 불에 녹아내리는 것을 본다면(벧후 3:12), 여러분은 '아, 하나님의 진노로구나' 하고 외칠 것입니다.

그런데 이보다 더 끔찍한 그림이 하나 있습니다. 뗀 떡과 부은 포도주입니다. 여러분은 이 소박한 떡과 포도주에서 우리와 함께 계시는 하나님이신 분의 영이 찢기고, 하나님의 아들이 피 흘리신 것을 볼 수 있을 것입니다. 이 진노가 여러분에게 내린다면, 여러분은 어떻게 견디시겠습니까? 아, 이 깊은 물을 어떻게 견디시겠습니까? 여러분은 하나님의 한 위격이 아닙니다. 여러분은 성령을 받지도 않았고, 하나님이 여러분의 손을 붙잡지도 않으셨습니다. 밑도 끝도 없는 하나님 진노의 바다를 여러분은 어떻게 건너시겠습니까? 상하게 하고 가리가리 찢는 하나님의 지옥을 어떻게 견디시겠습니까? 아, 지금 다가올 진노를 피하십시오!

4. 떡을 주신 예수님

떡과 포도주를 주시는 것은, 지옥에 가야 마땅한 죄인들에게 찢기신 구주를 값없이 제안하는 것을 나타냅니다. 아, 성경에서 그리스도가 온 세상에 값없이 제안되는 것보다 더 달콤한 진리는 없습니다. 이것은 우리 평강의 닻입니다.

1) 모든 모형이 그리스도를 값없는 구주로 나타내지 않았습니까?

커다란 빈 방들이 있는 방주는 죄인들 귀에 대고 크게 소리쳤습니다. 아직 자리가 있다고! 그리스도도 마찬가지이십니다. 들린 놋뱀은 모든 사람을 불러 보고 고침을 받으라고 합니다. 마찬가지로 그리스도도 여러분 눈앞에 들리십니다. 산꼭대기에 자리한 도피성은 밤낮으로 문이 열려 있었습니다. 마치 혀가 있어 다가올 진노를 피하라고 외치는 듯 보였습니다. 마찬가지로 그리스도도 밤낮으로 열려 계십니다.

2) 그리스도는 구약에서 이렇게 말씀하지 않으셨습니까?

"사람들아 내가 너희를 부르며 내가 인자들에게 소리를 높이노라"(삼 8:4). "땅의 모든 끝이여 내게로 돌이켜 구원을 받으라"(사 45:22).

3) 복음은 한결 더 뚜렷하게 말하지 않습니까?

천사가 "내가 온 백성에게 미칠 큰 기쁨의 좋은 소식을 너희에게 전하노라"(눅 2:10)고 하지 않았습니까? 그리스도께서 "내게 오는 자는 내가 결코 내쫓지 아니하리라"(요

6:37)고 하지 않으셨습니까? 예수님이 세상과 작별하실 때, "너희는 온 천하에 다니며 만민에게 복음을 전파하라"(막 16:15)고 하지 않으셨습니까? 그리고 성경의 마지막 엄숙한 초대는 "원하는 자는 값없이 생명수를 받으라"(계 22:17) 아닙니까?

그리스도인들에게 드리는 말씀

이때 여러분은 '그런데 제가 믿은 적이 없다면, 다 망상이었다면 어떡하지요?' 하고 물으며 자꾸 헷갈려 합니다. 자, 여기에 답이 있습니다. 모두 망상이었다고 생각해 보십시오. 그리스도가 오늘 여러분에게 거저입니다! 죄인들의 영광스러운 보증인이, 그 모든 은택이 여러분에게 거저입니다. 여러분이 죄인인 까닭입니다. 주 예수 그리스도를 믿으십시오. 그러면 구원받을 것입니다. 아, 이것은 죽어도 족할 말씀입니다. "내게 오는 자는 내가 결코 내쫓지 아니하리라"(요 6:37).

세상에 드리는 말씀

아, 친구 여러분, 구주가 여러분에게 거저입니다. 우리가 주님의 식탁에 놓인 떡이 여러분에게 거저가 아니라고 할 때, 여러분은 자꾸 화를 냅니다. 하지만 여기에 더 좋은 것이 있습니다. 구주 자신이 여러분에게 거저입니다! 우리는 여러분 모두에게 구주와 그 모든 은택, 그 피와 의를 제안합니다. "사람들아 내가 너희를 부르며 내가 인자들에게 소리를 높이노라"(잠 8:4).

친구 여러분, 세상의 구주가 오늘 여러분 가운데로 다니시며 잃어버린 자를 찾고 계십니다. 여러분 중에 그분을 붙드는 사람은 복이 있습니다!

11

나의 하나님 나의 하나님

11. 나의 하나님 나의 하나님[11]

나의 하나님, 나의 하나님, 어찌하여 나를 버리셨나이까
(마 27:46)?

이것은 죄인들의 위대한 보증인이 저주받은 나무에 달려서 하신 말씀입니다. 저는 이 말씀을 곱씹을수록, 이 안에 담긴 뜻을 다 밝힐 수 없겠다는 생각이 듭니다. 여러분은 틀림없이 아주 작은 것이 어떻게 그 안에서 벌어지는 큰일의 지표가 될 수 있는지 자주 살펴봤을 것입니다. 돛대 꼭대기에 달린 깃발은 작은 것이지만, 바람이 어느 쪽으로 부는지 똑똑히 보여 줍니다. 사람 손바닥만한 구름은 작은

---
11 성찬식 전에 한 설교.

것이지만, 거센 폭풍이 밀려오는 것을 보여 줄 수 있습니다. 제비는 작은 새이지만, 여름이 찾아오는 것을 보여 줍니다. 사람도 마찬가지입니다. 얼굴빛이나 한숨, 하다 만 말, 깨진 문장이 긴 연설보다 더 많은 것을 보여 줄 수 있습니다. 죽어 가는 구주도 마찬가지셨습니다. 이 애끓는 말 몇 마디가 신학책보다 더 많은 것을 이야기해 줍니다.

주께서 우리가 여기서 여러분의 영혼을 먹일 거리를 찾을 수 있게 해주시기를 빕니다!

1. 그리스도의 온전한 순종

1) 순종의 말씀: "나의 하나님, 나의 하나님." 그리스도는 죽기까지 복종하셨습니다(빌 2:8). 저는 여러분에게 주 예수께서 어떻게 죽으시는 구주만 아니라 행하시는 구주가 되려고 오셨는지 몇 번이고 설명드렸습니다. 예수님은 우리가 받아야 할 고난을 모두 받으러 오셨을 뿐 아니라, 우리가 해야 할 순종을 모두 하러 오셨습니다. 율법의 저주를 받으러 오셨을 뿐 아니라, 율법의 계명에 순종하러 오셨습니다. 예수님은 하늘에서 이 일을 제안받으시고는, "보시옵소서. 내가 하나님의 뜻을 행하러 왔나이다. 주의

법이 나의 심중에 있나이다"(히 10:9; 시 40:8)고 하셨습니다. 자, 그러면 그리스도를 자기 하나님께 복종하는 사람으로 봅시다. 그리스도가 이 일을 얼마나 온전히 해내셨는지 보십시오. 죽기까지 하셨습니다! 하나님이 '내 일을 하라'고 하시자, 그리스도는 그대로 따르십니다. "내가 내 아버지 일을 해야 할 줄 모르셨나이까"(눅 2:49, KJV 직역)? 하나님이 '나를 대신해 죄인들에게 말하라'고 하시자, 그리스도는 그대로 따르십니다. "내게는 너희가 알지 못하는 먹을 양식이 있느니라…나의 양식은 나를 보내신 이의 뜻을 행하며 그의 일을 온전히 이루는 이것이니라"(요 4:32, 34). 하나님이 '죄인들을 대신해 죽으라', '원수들을 위해 내 진노의 바다를 건너라', '이들을 위해 십자가에 달려 피 흘려 죽으라'고 하시자, 그리스도는 그대로 따르십니다. "이를 내게서 빼앗는 자가 있는 것이 아니라"(요 10:18). 그리스도는 못 박히시기 전날 밤에 "아버지께서 주신 잔을 내가 마시지 아니하겠느냐?"(요 18:11)고 하셨습니다. 그런데 십자가에 이르러서 뒷걸음치셨을까요? 아닙니다. 어둠이 세 시간 동안 자신을 덮었지만, 여전히 이렇게 말씀하십니다. "나의 하나님, 나의 하나님." 죄인 여러분, 여러분은 그리스도를 여러분의 보증인으로 받아들이십니까? 그리스도께서 여러분을 위해 얼마나 온전히 순종하셨는지 보십시오! 그리스도께 내려진 커다란 명령은 죄인들을 위해 죽으라는 것이었습니다. 얼마나 온전히 따르시는지 보십시오!

 2) 믿음의 말씀: "나의 하나님, 나의 하나님." 이 말씀은 이제껏 이 세상에 있었던 가장 큰 믿음을 보여 줍니다. 믿음은 하나님의 말씀을 믿는 것인데, 우리가 이 말씀이 참임을 보거나 느껴서가 아니라, 하나님이 그렇게 말씀하셨기 때문에 믿는 것입니다. 자, 그리스도는 버림을 받았습니다. 하나님이 자기 하나님이심을 보지 못했고, 느끼지 못했습니다. 그런데도 하나님의 말씀을 믿고, "나의 하나님, 나의 하나님" 하고 외치셨습니다. ① 다윗은 시편 42편에서 큰 믿음을 보여 줍니다. "주의 폭포 소리에 깊은 바다가 서로 부르며 주의 모든 파도와 물결이 나를 휩쓸었나이다 낮에는 여호와께서 그의 인자하심을 베푸시고 밤에는 그의 찬송이 내게 있어 생명의 하나님께 기도하리로다"(7-8절). 다윗은 근심으로 꼭 바다에 빠진 것만 같았습니다. 빛을 볼 수 없었고, 빠져나올 길도 보이지 않았습니다. 그런데도 하나님의 말씀을 믿고, 여호와께서 그 인자하심을 베

푸실 것이라고 말합니다. 이것은 보지 못할 때 믿는 큰 믿음입니다. ② 요나도 큰 믿음을 보여 주었습니다. "주의 파도와 큰 물결이 다 내 위에 넘쳤나이다 내가 말하기를 내가 주의 목전에서 쫓겨났을지라도 다시 주의 성전을 바라보겠다 하였나이다"(요 2:3-4). 요나는 말 그대로 바다 밑에 있었습니다. 빠져나올 길을 몰랐고, 빛도 보이지 않았습니다. 마음이 불안했습니다. 그런데도 요나는 하나님 말씀을 믿었습니다. 이것은 큰 믿음이었습니다. ③ 아, 그런데 요나보다 더 큰 이가 여기 계십니다(마 12:41; 눅 11:32). 여기에 다윗의 믿음보다, 요나의 믿음보다 더 큰 믿음이 있습니다. 이제껏 이 세상에 있었고, 앞으로 이 세상에 있을 믿음보다 더 큰 믿음입니다. 그리스도는 지금 요나보다 더 깊은 바닷속에 계셨습니다. 하나님 진노의 일렁이는 물결이 그리스도를 사납게 덮쳤습니다. 그리스도는 하나님께 버림을 받아 바깥 어두운 데 계셨고, 지옥에 계셨습니다. 그런데도 하나님의 말씀을 믿으셨습니다. "주께서 내 영혼을 스올에 버리지…않으실 것임이니이다"(시 16:10). 비록 이 말씀이 살갗에 와닿지 않고 눈에 보이지 않지만, 믿음으로 "나의 하나님" 하고 외치십니다. 아니, 자기가 얼마나 굳게 믿는지 보여 주시려고, "나의 하나님, 나의 하나님" 하고 두 번 외치십니다. "하나님이 나를 죽이셔도 나는 하나님을 믿으리라"(욥 13:15, KJV 직역). 사랑하는 성도 여러분, 이분이 여러분의 보증인이십니다. 여러분은 자꾸 하나님을 믿지 않고, 의심합니다. 여러분의 보증인을 보십시오. 그분은 결코 의심하지 않으셨습니다. 그분께 매달리십시오. 여러분은 그분 안에서 완전합니다(골 2:10, KJV).

3) 사랑의 말씀: "나의 하나님, 나의 하나님." ① 하나님이 욥에게서 재산을 가져가시고 자녀들을 데려가시자, 욥은 이렇게 말했습니다. "내가 모태에서 알몸으로 나왔사온즉 또한 알몸이 그리로 돌아가올지라 주신 이도 여호와시요 거두신 이도 여호와시오니 여호와의 이름이 찬송을 받으실지니이다"(욥 1:21). 이것은 아름다운 복종과 사랑의 말이었습니다. 하나님이 가져가실 때조차 하나님을 찬송할 수 있었던 것은 아름다운 일이었습니다. ② 하나님이 늙은 엘리에게 그 아들들이 죽으리라고 말씀하시자, 엘리는 아름다운 복종과 사랑의 말로 이렇게 말했습니다. "이는 여호와이시니 선하신 대로 하실 것이니라"(삼상 3:18). ③ 같은 아름다운 성품이 아이를 잃은 수넴 여인의 가슴속에도

있었습니다. 선지자가 "너는 평안하냐 네 남편이 평안하냐 아이가 평안하냐" 하고 묻자, 이 여인은 "평안하다"고 대답했습니다(왕하 4:26). ④ 아, 그런데 여기에 욥이나 엘리나 수넴 여자의 것보다 더 큰 사랑, 더 크고 아름다운 복종이 있습니다. 이제껏 이 차가운 세상에 있었던 어떤 것보다 더 큽니다. 여기에 자기 하나님께 버림을 받아 하늘과 땅 사이에 매달리신 분, 웃음도, 조그만 위로도 받지 못하고 지옥의 고통에 휩싸인 분이 계십니다. 그런데도 자기를 버리신 하나님을 사랑하십니다. 그리스도는 '아버지! 참으로 잔인하시나이다' 하고 외치지 않으시고, 모든 뜨거운 감정으로 "나의 하나님, 나의 하나님" 하고 외치십니다.

사랑하고 또 사랑하는 영혼들이여, 이분이 여러분의 보증인이십니까? 여러분은 그분을 여러분을 위해 복종하신 분으로 받아들이십니까? 아, 그렇다면 여러분은 그분 안에서 완전합니다! 여러분은 하나님을 아주 조금밖에 사랑하지 않습니다. 여러분은 여러분에게 있는 것을 가져가시는 하나님을 얼마나 자주 원망하고, 얼마나 잔인하게 생각하십니까? 하지만 여러분의 보증인을 보십시오. 그리고 더 없이 기뻐하십시오. 그 거룩한 순종의 공로가 모두 여러분에게 전가됩니다.

2. 그리스도의 무한한 고난

그리스도는 하나님께 버림을 받으셨습니다. "나의 하나님, 나의 하나님, 어찌하여 나를 버리셨나이까?" 헬라 예식서에 보면, 이런 말이 있습니다. "우리는 그리스도의 알려지고 알려지지 않은 모든 고난으로 여러분을 권합니다." 우리는 그리스도의 고난을 알면 알수록, 더욱 이 고난이 알려질 수 없음을 보게 됩니다. 아, 뗀 떡과 부은 포도주의 온전한 뜻을 누가 다 말할 수 있겠습니까?

1) 그리스도는 그 원수들에게 큰 고난을 받으셨습니다.

① 그 몸의 모든 부위에서 고난을 받으셨습니다. 머리에 가시관을 쓰셨고, 갈대로 머리를 맞으셨습니다(마 27:29-30). 얼굴을 맞으셨고, 자기 수염을 뽑는 자들에게 뺨을 맡기셨습니다(사 50:6). "모욕과 침 뱉음을 당하여도 내 얼굴을 가리지 아니하였느니라"(사 50:6). 어깨에 무거운 십자가를 지셨습니다. 등을 맞으셨습니다. "나를 때리는 자들에게 내 등을 맡기며"(사 50:6). 손과 발에 못이 박혔습니다. "악한 무리가 나를 둘러 내 수족을 찔렀나이다"(시 22:16). 한 군

인에게 옆구리를 창으로 찔리셨습니다. 아, 그리스도께서 이렇게 말씀하시는 것은 아주 마땅한 일이었습니다! "이것은 너희를 위하여 찢긴 내 몸이라"(고전 11:24, KJV 직역). ② 그 모든 직분에서 고난을 받으셨습니다. 선지자로서 고난을 받으셨습니다. "그리스도를 때리고 물어 이르되 선지자 노릇 하라 너를 친 자가 누구냐"(눅 22:64, KJV 직역)? 제사장으로서 고난을 받으셨습니다. 그리스도는 죄를 위한 단 번의 제사를 드리실 때 조롱을 받으셨습니다. 왕으로서 고난을 받으셨습니다. 이들은 그리스도 앞에서 무릎을 꿇고 "유대인의 왕이여 평안할지어다"(마 27:29)고 말했습니다. ③ 온갖 사람들, 곧 제사장들과 장로들, 지나가는 사람들과 군인들, 왕들과 강도들에게 고난을 받으셨습니다. "많은 황소가 나를 에워싸며 바산의 힘센 소들이 나를 둘러쌌으며…개들이 나를 에워쌌으며"(시 22:12, 16). "그들이 나를 벌들처럼 에워쌌으나"(시 118:12). ④ 마귀에게 큰 고난을 받으셨습니다. "나를 사자의 입에서 구하소서"(시 22:21). 그리스도의 고난 전체는 사탄과 잇달아 벌인 한판의 싸움이었습니다. 그리스도는 "통치자들과 권세들을 무력화하여 드러내어 구경거리로 삼으시고 십자가로 그들을 이기셨"(골 2:15)기 때문입니다.

2) 얼마 뒤에 자기가 구원한 사람들에게 큰 고난을 받으셨습니다. 그날 용서받고 받아들여질 강도의 비웃음은 얼마나 쓰라렸을까요! 곧 있으면 자기들이 십자가에 못 박은 분을 알게 될 삼천 명의 외침은 얼마나 쓰라렸을까요!

3) 자기 제자들에게 큰 고난을 받으셨습니다. 이들은 모두 그리스도를 버리고 달아났습니다. 사랑받은 요한은 멀찌감치 서있었고, 베드로는 그리스도를 부인했습니다. 들국화는 쥐어짜고 짓밟을수록 그 향기가 더 짙게 풍긴다고 합니다. 아, 우리의 향기로운 "사론의 수선화"(아 2:1)도 마찬가지셨습니다. 짙은 향기를 퍼뜨린 것은 구주를 상하게 한 일이었습니다. 구주의 이름을 "쏟은 향기름"(아 1:3)이 되게 한 것은 구주를 상하게 한 일입니다.

4) 자기 아버지에게 큰 고난을 받으셨습니다. 이것에 대면 다른 모든 고난은 아무것도 아니었습니다. "나의 하나님, 나의 하나님, 어찌하여 나를 버리셨나이까?" 다른 고난은 모두 유한했지만, 이것만은 무한한 고난이었습니다. 사람이나 귀신들의 뒤꿈치에 까이는 것은 아무것도 아니었습니다. 아, 그런데 하나님의 뒤꿈치에 밟히셨습니다. "여

호와께서 그를 상하게 하시기를 기뻐하셨노라"(사 53:10, KJV 직역).

세 가지가 그리스도의 고난이 무한함을 보여 줍니다.

첫째, 누가 그리스도를 버렸는가? 자기 백성 이스라엘도, 배신한 유다도, 부인한 베드로도, 자기 품에 기댄 요한도 아니었습니다. 이것은 모두 견딜 만했습니다. 아, 그런데 자기 아버지에게, 자기 하나님에게 버림을 받으셨습니다. 이것에 대면 다른 일들은 그렇게 대수롭지 않았습니다. 지나가는 사람들이 머리를 흔들며 모욕해도, 그리스도는 아무 말씀 안 하셨습니다. 대제사장들이 희롱해도 원망하지 않으셨고, 강도들이 욕할 때도 듣지 못하는 귀머거리 같으셨습니다. 하나님은 그리스도를 세 시간 동안 어둠으로 덮으셨습니다. 이 바깥의 어둠은 그리스도의 영혼을 덮은 어둠을 보여 주는 것이었습니다. 아, 이것은 무한한 고통이었습니다. "나의 하나님, 나의 하나님, 어찌하여 나를 버리셨나이까?"

둘째, 누가 버림을 받았는가? "나를." ① 하나님께 한없이 소중하신 분. 아버지는 나를 창세전부터 사랑하셨지만, 나를 버리셨나이다. 나는 늘 아버지 곁에 있었고, 아버지 앞에서 늘 기뻐하였나이다. 나는 아버지가 베푸시는 사랑의 햇살을 쬐었나이다. 아, 그런데 왜 내게 이런 끔찍한 어둠을 주시나이까? "나의 하나님, 나의 하나님." ② 죄를 한없이 싫어하신 분. 아무 죄 없는 사람이 사형수로 옥에 갇히는 것은 얼마나 끔찍한 일입니까! 아, 그런데 하나님께 죄인으로 여김을 받으신 것은 죄를 한없이 싫어하신 그리스도께 훨씬 끔찍한 일이었습니다. ③ 하나님의 호의를 한없이 맛보신 분. 고상한 생각을 품은 두 친구가 만날 때, 이들은 서로에게서 뜨거운 사랑을 맛봅니다. 여러분에게 잘해 준 어떤 사람한테서 여러분이 이 달콤한 기쁨을 맛봤다고 합시다. 이 사람이 매정하게 돌아설 때, 여러분은 얼마나 괴로울까요! 아, 하지만 이것은 그리스도의 고통에 대면 아무것도 아닙니다.

셋째, 하나님은 그리스도를 어떻게 하셨는가? 버리셨습니다. 사랑하는 친구 여러분, 그리스도가 힘겹게 건너신 이 큰 바다를 봅시다. ① 그리스도는 하나님께 아무런 위로를 받지 못했습니다. 하나님이 자기를 사랑하신다는 느낌도, 자기를 불쌍히 여기시고, 자기를 붙드신다는 느낌도 도무지 받지 못했습니다. 앞서 하나님은 자신의 태양이셨습니다. 이제 이 태양은 어둠으로 싹 바뀌었습니다. 그 아버지에게서 웃음 한번, 따뜻한 눈빛 한번 받지 못했고, 따뜻한 말 한마디 듣지 못했습니다. ② 그리스도는 하나님 밖에 계셨고, 하나님 없는 자 같으셨습니다. 앞서 하나님이 자기에게 되어 주셨던 모든 것을 이제 잃어버렸습니다. 그래서 하나님 없이 되었고, 자기 하나님을 빼앗겼습니다. ③ 재판관께서 "주의 얼굴과 그 힘의 영광을 떠나 영원한 멸망의 형벌을 받을 저주받은 자들아 나를 떠나라"(살후 1:9; 마 25:41)고 하실 때, 그리스도는 정죄받은 자로 느끼셨습니다. 이것이 하나님이 자기에게 하시는 말씀이라고 느끼셨습니다. 아, 이것이 그리스도가 겪으신 지옥입니다. 사랑하는 친구 여러분, 저는 산비탈 어느 깊은 골짜기에 가서 돌을 던지고는 그 떨어지는 소리에 귀 기울이는 어린아이와 같은 심정입니다. 그런데 아무리 귀 기울여도 들리지 않습니다. 저는 바다에 납덩어리를 던지는 선원과 같은 심정입니다. 그런데 너무 깊어서 아무리 긴 줄로도 그 깊이를 잴 수 없습니다. 그리스도가 건너신 고난의 큰 바다는 그 깊이를 헤아릴 수 없습니다.

3. 구주의 "어찌하여?"에 대한 대답

죄인들의 보증인이셨고, 죄인들을 대신해 서 계셨기 때문입니다.

1) 그리스도는 창세전에 죄인들을 대신해 고난을 받기로 자기 아버지와 뜻을 같이하셨습니다. '죄인들이 받아야 할 모든 저주를 내게 내리시옵소서.' 그리스도는 하나님이 그 분노를 모두 쏟으신 것에 왜 놀라셔야 했을까요? '어찌하여 나를 버리셨나이까?' '네가 죄인들을 대신하기로 언약하였기 때문이라.'

2) 그리스도는 이 일을 하시기로 굳게 결심하셨습니다. "내 얼굴을 부싯돌같이 굳게 하였으므로"(사 50:7). "예수께서…굳게 결심하시고"(눅 9:51). 하나님은 동산에서 그리스도 앞에 잔을 내미시며, 이 잔을 마시려는지 안 마시려는지 물으셨습니다. 그리스도는 "아버지께서 주신 잔을 내가 마시지 아니하겠느냐?"(요 18:11)고 하셨습니다. "여호와께서 그를 상하게 하시기를 기뻐하셨노라." '어찌하여 나를 버리셨나이까?' '네가 보증인이 되기로 선택하였고, 물러서려 하지 않았기 때문이라.'

3) 그리스도는 자기 아니면 온 세상이 고난을 받아야 한

다는 것을 아셨습니다. 구주가 되시기로 마음먹으신 까닭은 세상을 불쌍히 여기셨기 때문입니다. "사람이 없음을 보시며 중재자가 없음을 이상히 여기셨으므로 자기 팔로 스스로 구원을 베푸시며 자기의 공의를 스스로 의지하사"(사 59:16). '어찌하여 나를 버리셨나이까?' '너 아니면 저들이라. 네가 아니면 저들이 지옥에 가야 하기 때문이라.'

그리스도 없는 사람들에게 말씀드리겠습니다. 여러분의 처지가 얼마나 위험한지 배우십시오. 하나님은 죄를 보실 때마다 벌하실 것입니다. 하나님은 반역한 천사들, 아담, 옛 세상, 소돔의 죄를 벌하셨고, 그리스도에게 놓인 죄를 보시고 자기 아들을 버리셨습니다. 여러분은 죄를 아예 생각하지 않습니다. 하나님이 죄를 어떻게 생각하시는지 보십시오. 여러분에게 가려지지 않은 죄가 하나라도 있다면, 여러분은 구원받을 수 없습니다. 하나님은 말씀하십니다. "네가 내 오른손의 인장반지일지라도, 내 품속의 아들일지라도, 내가 빼리라"(렘 22:24). 아, 오늘 여러분에게 권합니다. 지금 바로 예수 그리스도와 가까이하십시오!

그리스도의 사람들에게 말씀드리겠습니다. 그리스도의 사랑을 놀라워하십시오. 아, 그리스도께서 여러분을 위해 어떤 진노의 바다를 건너셨습니까! 아, 여러분과 같이 추악하고 은혜도 모르는 영혼을 위해 어떤 채찍질을 견디셨습니까! 뗀 떡과 부은 포도주는 그리스도의 사랑을 보여 주는 그림입니다. 아, 여러분이 이것을 볼 때, 이런 구주를 사모함으로 여러분의 마음이 상하기를 바랍니다!

예수 그리스도를 가까이하는 모든 분들에게 말씀드리겠습니다. 그리스도는 죄인들을 대신해 버림을 받으셨습니다. 여러분이 그리스도를 여러분의 보증인으로 가까이한다면, 여러분은 결코 버림받지 않을 것입니다. 뗀 떡과 부은 포도주에서 이 외침이 들리는 것 같습니다. "나의 하나님, 나의 하나님, 어찌하여 나를 버리셨나이까?"

나를 위해. 나를 위해. 하나님이 자신의 말씀에 복 주시기를!

12
찢어진 휘장

12. 찢어진 휘장

> 이에 성소 휘장이 위로부터 아래까지 찢어져(마 27:51).

예수님이 죽으실 때 성소 휘장이 찢어진 사건에서 볼 수 있는 교리는 이것입니다. 곧, 예수님이 죽으심으로 하나님께 가는 길이 열렸고, 그래서 죄인 중 괴수라도 들어갈 수 있게 되었다는 것입니다. 저는 세 가지 물음에 답하려고 하겠습니다. 1. 휘장이 언제 찢어졌는가? 예수님이 죽으실 때. 2. 휘장은 얼마만큼 찢어졌는가? 위에서부터 아래까지. 3. 주님의 만찬에서 이것이 어떻게 나타나는가?

1. 휘장은 그리스도가 죽으실 때 찢어졌습니다

그리스도가 오시기 전에 휘장은 멀쩡했습니다. 이것은 성소로 들어가는 길이 아직 나타나지 않았다는 것을 보여 주었습니다(히 9:8). 어떤 죄인도 하나님께 가까이 갈 수 없었습니다. 하나님 보시기에 모두에게 죄책이 있었습니다. 의롭다 하심을 받을 살아 있는 육체가 없었습니다.

보증인이 오셔서 빚을 갚으시는 순간, 빚문서가 찢어졌습니다. 모든 순종을 이루시고, 죄인들이 마땅히 받아야 할 고난을 받으신 바로 그 순간에 휘장이 찢어졌습니다! 이제 아버지께로 가는 길이 열렸습니다. 여러분 중에 죄를 깨닫게 된 사람은 여러분과 하나님 사이에 마치 휘장이 있는 것처럼 느낍니다. 여러분의 죄악이 여러분과 여러분의 하나님 사이를 갈라놓았다고 느낍니다(사 59:2). 여러분이 율법과 하나님의 거룩하심을 보고, 여러분의 삶과 마음을 본다면, 정말 그렇게 느낄 것입니다. 그리고 여러분의 비참함이 더욱 깊어질 것입니다. 여러분이 더 뚜렷이 볼수록, 여러분의 비참함은 더 깊어지고, 휘장은 더 두꺼워집니다.

화평은 어떻게 올까요? 하나님은 여러분을 십자가로 이

끄시고, 십자가 사건으로 되돌리십시오. 하나님의 아들이 나무에 달리셨다는 것을 배우십시오. 하나님의 아들이 몸소 나무에 달려 세상 죄를 지고 계십니다(벧전 2:24). 온 땅을 덮은 어둠은 하나님이 자기 아들을 버리셨음을 보여 줍니다. 그분의 마지막 탄식 소리를 들어 보십시오. "아버지 내 영혼을 아버지 손에 부탁하나이다"(눅 23:46). 하나님은 여러분을 그때 그 성소로 이끄십니다. 보십시오! 휘장이 찢어졌습니다. 아, 그리스도를 볼 때 휘장이 찢어집니다.

2. 휘장은 위에서부터 아래까지 찢어졌습니다

가장 큰 죄인도 들어갈 수 있습니다. 어떤 죄인이라도 들어갈 수 있습니다. 모두를 위한 자리가 있습니다. "아직도 자리가 있나이다"(눅 14:22).

이제 하나님께 가까이 갈 수 있고, 하나님을 우리 하나님이라 할 수 있습니다. 옛 장막의 휘장 안에는 그리스도의 구원을 가리키는 것이 여럿 있었습니다. 속죄소와 함께 언약궤가 있었습니다. 이것은 그 마음속에 율법을 간직하신 그리스도(시 40:8, 새번역), 곧 우리를 의롭다 하는 의를 가리켰습니다. 광야에서 이적을 행한 아론의 지팡이가 있었습니다. 이 지팡이로 바위를 쳤고, 그래서 죄인들에게 물이 흘러나올 수 있었습니다. 만나를 담은 항아리가 있었습니다. 이것은 그 백성의 양식이신 그리스도를 나타냈습니다. 하지만 지금은 이런 것들을 낱낱이 말할 수 없습니다.

3. 찢어진 휘장은 주님의 만찬에서 볼 수 있습니다

이것은 떼이되, 완전히 떼여 버린 떡에서 볼 수 있습니다. 마찬가지로 그리스도는 죽으시되 완전히 죽으셨습니다. 휘장은 찢어지되 완전히 찢어졌습니다. 죄인이여, 예수로 말미암아 아버지께로 오십시오.

1) 만찬은 예수님이 고난 받으신 것을 보여 줍니다.

예수님은 모든 면에서 고난을 받으셨습니다. 그 모든 직분에서, 그 몸의 모든 부위에서 고난을 받으셨습니다. "악한 무리가…내 수족을 찔렀나이다"(시 22:16). "나를 때리는 자들에게 내 등을 맡기며 나의 수염을 뽑는 자들에게 나의 뺨을 맡기며 모욕과 침 뱉음을 당하여도 내 얼굴을 가리지 아니하였느니라"(사 50:6). 가시관으로 머리를 다치셨고, 갈대로 머리를 맞으셨습니다. 옆구리를 찔리셨습니다.

예수님은 그 가진 물품에서 고난을 받으셨습니다. 이들

은 예수님의 옷까지 가져갔습니다. 또 그 오감에서 모두 고난을 받으셨고, 그 영혼으로 고난을 받으셨습니다.

예수님은 사람들에게 고난을 받으시되, 온갖 지위에 있는 사람들, 곧 제사장들, 지나가는 사람들, 군인들, 강도들에게 고난을 받으셨습니다. 또 자기가 구원한 사람들에게 고난을 받으셨고, 자기 제자들에게, 귀신들에게, 마지막으로 하늘에게 고난을 받으셨습니다.

그리스도는 하나님께 버림을 받으신 보증인이셨습니다. "내 하나님이여 내 하나님이여 어찌 나를 버리셨나이까?" (시 22:1)는 보증인으로서 하신 말씀이었습니다. 이 말씀은 그리스도가 받으신 고난의 깊이를 얼마나 정확히 보여 줍니까! 그리스도는 영원 전부터 아버지 품에 계셨고, 거기서 한없이 행복하셨습니다. 아무것도 지음받기 전에 거기서 기뻐하셨습니다(잠 8:22-31). 아버지의 사랑을 느끼는 그 감각에 한이 없었습니다. 그런데도 우리를 위해 버림을 받으셨습니다. 하나님께 아무런 위로도 받지 못했고, 받아들여진다는 느낌도, 하나님의 사랑 안에 있다는 느낌도 받지 못했습니다. 게다가 하나님이 자기를 버리시는 것이 마땅하다고까지 느끼셨습니다. 아, 저는 아이라 말할 줄을 모릅니다. 이것은 잃어버린 자들, 곧, "저주를 받은 자들아 나를 떠나…라"(마 25:41)는 말을 들을 자들이 받을 바로 그 형벌이었습니다. 그리스도는 우리를 위하여 저주를 받은 바 되셨고, 이것은 마치 주의 얼굴을 떠나 영원한 멸망의 형벌을 받으시는 것과 같았습니다(갈 3:13; 살후 1:9).

그렇다면 그리스도를 보고 슬퍼하십시오. 많은 사람이 자신의 죄가 지옥에 걸맞다는 것을 못 느낍니다. 믿음으로 여기를 보십시오. 그러면 느낄 것입니다. 사랑하는 그리스도인 여러분, 뗀 떡에서 버림받으신 구주를 보고 슬퍼하십시오.

그렇지만 그리스도를 보고 또한 기뻐하십시오. 그리스도를 보는 것 말고 여러분에게 평안을 줄 수 있는 것은 없습니다. 그리스도가 버림을 받으셨다면, 그리스도가 여러분의 보증이시라면, 여러분은 결코 버림받지 않을 것입니다. 아, 어린아이들에게 나타난 단순한 진리여! 여러분의 죄가 많고 적고는 중요하지 않습니다. 여기에 한없는 진노가 있습니다. 하나님께 한없이 소중하시고, 영원 전부터 하나님 사랑의 증표를 지니신 분이 이 진노를 짊어지셨습니다. 그분은 하나님을 한없이 좋아하신 분이었습니다. 그래서 버림받으신 것은 그분께 한없는 상실이었습니다.

 2) 그 순종의 온전함을 배우십시오.

 "내 하나님이여 내 하나님이여 어찌 나를 버리셨나이까?" 하는 외침에서, 그리스도의 믿음과 사랑이 얼마나 컸는지 배우십시오. 그리스도는 보증인이 되려고 오셨는데, 이것은 죄인들을 위해 고난 받으시는 데서만 아니라, 자기 아버지의 율법을 마음과 행동으로 순종하시는 데서도 마찬가지라고 저는 몇 번이고 설명드렸습니다. 그리스도는 우리가 받아야 할 고난을 모두 받으러 오셨을 뿐 아니라, 우리가 해야 할 순종을 모두 하러 오셨습니다. 그래서 행하시는 구주요, 죽으시는 구주이십니다!

 그렇다면 그리스도를 자기 하나님께 순종하는 사람으로 봅시다. 그리스도께서 얼마나 더할 나위 없는 온전함으로 이 일을 해내셨는지 보십시오. 하나님이 사람도 아니고 벌레가 되라고 하시자(시 22:6), 그리스도는 그대로 따르십니다. 하나님이 네 마음을 다하여 나를 사랑하라고 하시자, 그리스도는 언제나 하나님이 기뻐하시는 일을 하셨습니다(요 8:29). 하나님이 네 이웃을 네 몸과 같이 사랑하라고 하시자, 그리스도는 이들을 더욱 사랑하셨고, 자기 목숨까지 버리셨습니다. 그분은 쉴 새 없이 선을 행하러 다니셨습니다. 하나님이 죄인들을 위해 네 목숨을 버리라고 하시자, 그리스도는 그렇게 하셨습니다. "내가 하늘에서 내려온 것은 내 뜻을 행하려 함이 아니요 나를 보내신 이의 뜻을 행하려 함이니라"(요 6:38).

여기서 그리스도의 믿음을 보십시오. 하나님을 얼마나 신뢰하셨습니까! 버림을 받으실 때조차 "나의 하나님, 나의 하나님" 하고 잇달아 부르시며, 하나님을 자기 하나님으로 얼마나 굳게 믿는지 보여 주셨습니다. "하나님이 나를 죽이셔도 나는 하나님을 믿으리라"(욥 13:15, KJV 직역). 다윗은 큰 믿음이 있었습니다. "주의 폭포 소리에 깊은 바다가 서로 부르며 주의 모든 파도와 물결이 나를 휩쓸었나이다 낮에는 여호와께서 그의 인자하심을 베푸시고 밤에는 그의 찬송이 내게 있어 생명의 하나님께 기도하리로다…내 영혼아 네가 어찌하여 낙심하며 어찌하여 내 속에서 불안해하는가 너는 하나님께 소망을 두라 나는 그가 나타나 도우심으로 말미암아 내 하나님을 여전히 찬송하리로다"(시 42:7-8, 11). 요나도 큰 믿음이 있었습니다. "주께서 나를 깊음 속 바다 가운데에 던지셨으므로 큰 물이 나를 둘렀고 주의 파도와 큰 물결이 다 내 위에 넘쳤나이다…내가 주의 목전에서 쫓겨났을지라도 다시 주의 성전을 바라보겠다 하였나이다"(욘 2:3-4). 아, 그런데 여기에 훨씬 큰 믿음이 있습니다. 요나보다 더 큰 이가 여기 계십니다. 그 영혼이 하나님께 버림을 받아 음부에 있는데도, 자기 영혼을 음부에 버리지 않으시리라는 하나님의 말씀을 믿으십니다(행 2:27). 자기가 보고 느끼고 생각하는 어떤 것에도 굴하지 않고 믿으십니다. 하나님의 말씀을 믿으십니다.

여기서 그리스도의 복종과 사랑을 보십시오. 여기에 이런 큰 사랑이 있습니다. 그리스도는 자기를 버리신 하나님을 사랑하셨습니다. "나의 하나님, 나의 하나님." 신중한 감정으로 이 말씀을 되뇌십니다. 만약 이것이 옳지 않다고 느꼈거나, 아버지를 사랑하는 마음이 식었다면, '불의한 재판장!'이라고 외치셨을 것입니다. '잔인한 폭군!'이라고 외치셨을 것입니다. 그런데 그렇게 하지 않으시고, 가슴속에 애정을 듬뿍 담아 "나의 하나님, 나의 하나님" 하고 외치십니다.

성도 여러분, 이분이 여러분의 보증인이십니다! 믿지 않고 사랑하지 않는 여러분, 여러분은 보고 느낄 수 있는 것밖에 믿지 않기 때문에 완전히 실패합니다. 그러나 여러분의 보증인을 보십시오. 여러분을 대신해 얼마나 온전히 순종하셨는지! 아, 그분께 매달리십시오. 그러면 그 거룩한 순종의 공로가 모두 여러분 것이 됩니다. 여러분은 그분 안에서 완전합니다(골 2:10, KJV).

하지만 그리스도께서 이렇게 온전히 순종하셨다면, "어찌하여 나를 버리셨나이까?" 하신 외침은 어떻게 설명할 수 있습니까? "어찌하여?"는 무슨 뜻입니까?

이것은 순전히 고통에서 나온 물음이었을 것입니다. 어떤 사람이 수술을 받다가 너무 아프면, 이렇게 소리칩니다. "아이고, 나한테 어째 이러세요?" 이것은 수술을 받지 않겠다는 것이 아니라, 극심한 고통에서 나온 외침일 뿐입니다.

생각이 흐려져서 자기가 왜 고난을 받는지 뚜렷이 볼 수 없어서 그러셨을 것입니다.

숨을 거두시기 전에 자기한테는 죄가 없음을 보여 주시려고 그러셨을 것입니다. '아버지, 이것은 내 죄 때문이 아닙니다. 어찌하여 죄 지은 적 없는 나입니까?'

우리의 유익과 위로를 위해, 우리가 이것에 호소할 수

있게 하시려고 그러셨을 것입니다.

거룩하신 어린양이 '어찌하여 나입니까?' 하고 물으셨습니다. '네가 아니면, 저들이라.' '어찌하여 나를 버리셨나이까?' '네가 저들을 대표하기 때문이라. 네가 저들의 죄를 뒤집어썼노라. 네가 그렇게 하기로 했노라. 네가 저들을 사랑했으니, 하늘과 그 안에 있는 어떤 것도 너를 돕지 않으리라. 너는 어떻게 될 줄 진작 알고도, 이 일을 맡았노라.'

그렇다면 우리는 경외하는 마음으로 하나님이 '어찌하여?'에 이렇게 답하셨다고 말해도 괜찮지 않을까요?

① 네가 죄인들을 대신하기 때문이라.

'네가 저들을 네 가슴에 품었노라. 네가 저들을 감싸고 덮었노라. 그러니 네가 내게 나 자신만큼 소중할지라도, 나는 너를 버려야 하노라.' 아, 하나님의 거룩하심을 배우십시오. 아, 죄인 여러분, 여러분은 하나님의 진노 아래 살고 계십니까? 하나님이 자기 아들 안에 있는 죄도 벌하셨는데, 여러분 안에 있는 죄는 벌하지 않으시리라고 생각하십니까? 예수님의 사랑을 배우십시오. 예수님은 뒤돌아서지 않으시고, 십자가로 가시기로 굳게 결심하셨습니다.

② 네게 붙은 자들을 내가 결코 버리지 않을 것이기 때

문이라.

'내가 내 진노를 네게 죄다 쏟아부으면, 저들에게는 조금도 내리지 아니하리라.' 아, 영광스러운 '어찌하여?'입니다! 그리스도의 피는 여전히 말하고 외칩니다. '어찌하여 나를 버리셨나이까?' 하나님이 그리스도께 매달리는 영혼을 하나라도 멸하려고 하셨다면, 이 피는 하나님께 안 된다고 크게 소리쳤을 것입니다. 구원받는 모든 영혼, 예수님께 진심으로 매달리는 모든 영혼이 답변이고, 세상 끝 날까지 그럴 것입니다. 죄인 여러분, 가서 구주의 '어찌하여?'에 이렇게 답하십시오. '나를 위해, 나를 대신해!' 아, 사랑하는 성도 여러분, 여러분이 오늘 떡과 포도주를 받을 때, 여러분은 예수님을 여러분의 것으로 받아들이고 그분께 매달려 그분의 죽어 가는 외침에 이렇게 답하는 것입니다. '어찌하여 나를 버리셨나이까?' '우리가 결코 버림받지 않게 하시려고요.'

그리스도는 어째서 버림을 받으셨습니까?

1) 죄를 짊어지셨기 때문입니다.

하나님은 죄를 보실 때마다 버리실 수밖에 없습니다. 하나님의 진노는 내려야 합니다. 하나님은 그리스도에게 놓인 죄를 보시고, 화를 내리셨습니다. 하나님은 그리스도의 이 외침을 죄인이 하는 말로 들으셨습니다. 그래서 아무 대답도 하지 않으셨고, 천사들도 그분을 돕지 않았습니다.

2) 스스로 선택하신 일이기 때문입니다.

그리스도는 "내가 주의 뜻 행하기를 즐기오니"(시 40:8) 하고 말씀하셨습니다. 그분에게는 목숨을 버릴 권세가 있었고(요 10:18), 그래서 스스로 숨을 거두셨습니다(눅 23:46, 새번역).

3) 죄인들의 보증인이셨기 때문입니다.

그리스도는 자기 아버지와 뜻을 같이하셨습니다. "어찌하여?" 이 일을 하기로 미리 약속하셨고, 굳게 결심하셨기 때문입니다. 하나님이 잔을 내미시자, 받아들이셨습니다. 그리고 거침없이 나아가셨습니다. 그분의 사랑이 이 일을 하게 했습니다. "어찌하여?" 죄인들을 사랑하셨기 때문입니다. 자신이 고난을 받지 않으면, 온 세상이 받아야 했습니다. "어찌하여?" 자신 아니면 그들이었기 때문입니다.

로버트 맥체인 설교 시리즈 1

로버트 맥체인 설교집
마태복음

펴 낸 날 2016년 5월 1일 초판 1쇄

지 은 이 로버트 맥체인
옮 긴 이 임정민

펴 낸 이 한재술
펴 낸 곳 그 책의 사람들

편 집 서금옥
디 자 인 참디자인

판 권 ⓒ 그책의사람들 2016, *Printed in Korea*.
저작권법에 의하여 한국 내에서 보호를 받는 저작물이므로 무단 전재와 복제를 금합니다.

주 소 경기도 수원시 권선구 여기산로 42, 101동 313호
전 화 0505-273-1710   **팩 스**   0505-299-1710
카 페 cafe.naver.com/thepeopleofthebook
메 일 tpotbook@naver.com   **페이스북**   www.facebook.com/tpotbook
등 록 2011년 7월 18일 (제251-2011-44호)
인 쇄 불꽃피앤피

책 값 10,000원
I S B N 979-11-85248-17-2   04230
979-11-85248-16-5   04230(세트)

이 도서의 국립중앙도서관 출판시도서목록(CIP)은
서지정보유통지원시스템 홈페이지(http://seoji.nl.go.kr)와
국가자료공동목록시스템(http://www.nl.go.kr/kolisnet)에서 이용하실 수 있습니다.
(CIP제어번호: CIP2016009565)

· 이 책은 출판 회원분들의 섬김으로 만들어졌습니다.